北縁怪談 札幌編

匠平

竹書房
怪談
文庫

目次

おしぼり屋さん……6
泣いてしまう――F寿苑……13
北24条の物件……23
厚別区の団地……31
妻の上に……43
自己暗示……48

清田区のOマンション …… 55
農試公園 …… 59
平和の滝 …… 69
札幌D高等学校 …… 75
事故物件スタジオ　Nマンション …… 89
すすきの花魁道中 …… 98
豊平峡ダム …… 105

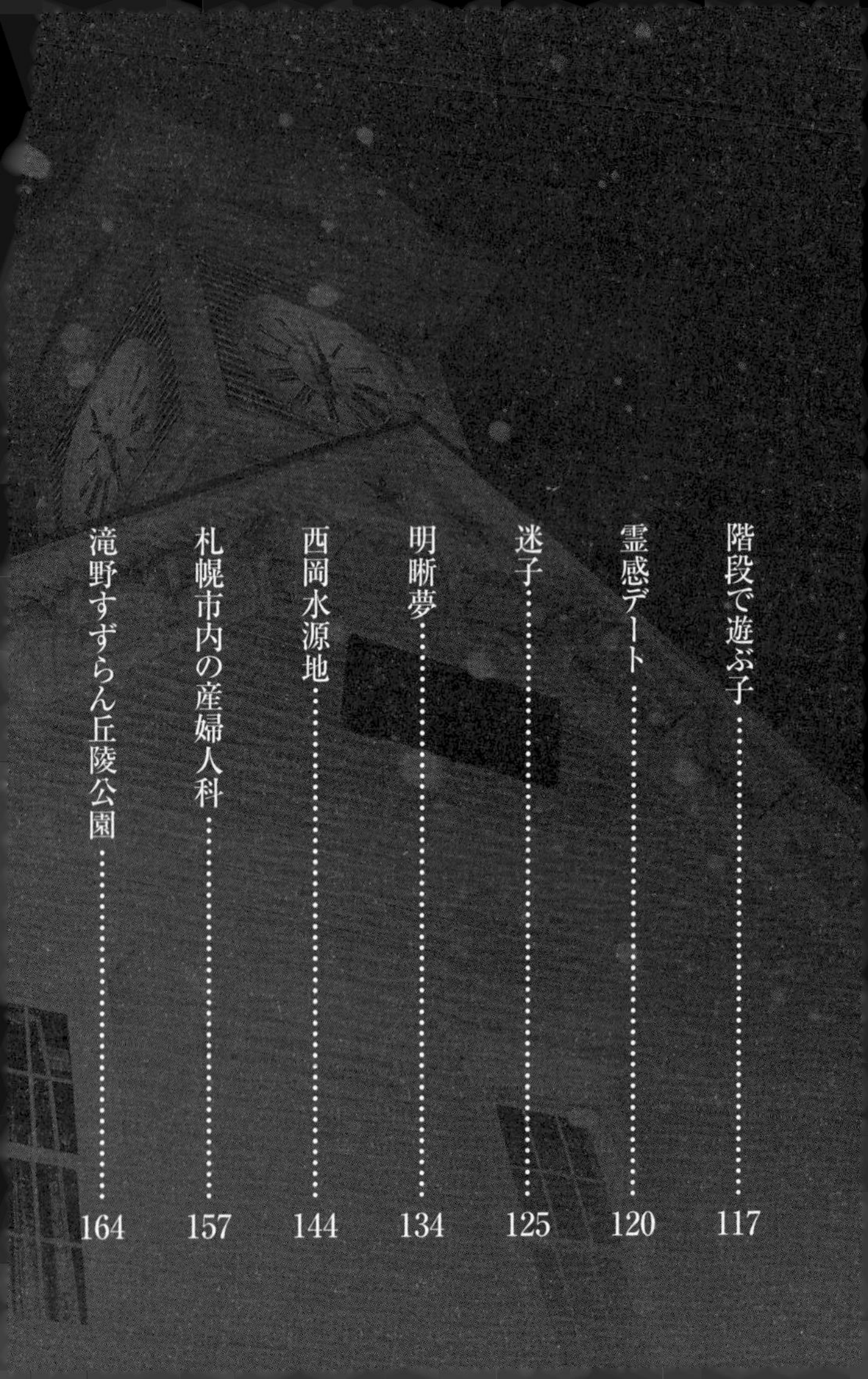

階段で遊ぶ子……117
霊感デート……120
迷子……125
明晰夢……134
西岡水源地……144
札幌市内の産婦人科……157
滝野すずらん丘陵公園……164

北海道大学……172
すすきのB館ビル……178
すすきのホテルR……182
邪魔をするな。……189
東区本町の家……193
廃校　T羽中学校（南区定山渓）……213
あとがき……222

※本書に登場する人物や名称は様々な事情を考慮して仮名にしてあります。

おしぼり屋さん

四十代男性。林さんから聞かせていただいた話。

この話はあなた自身が林さんから取材をしているという体で読んでいただきたい。


これ、知り合いのおしぼり屋さんの話なんだけど。

おしぼりって基本的には店が営業していない時間帯に店に来て、おしぼりを回収したり置いていくじゃない？

おしぼり屋さんが契約している店から鍵を預かって、その鍵を使って店内に入っていくでしょ。

それで一日に何軒も何軒も回るんです。

そのおしぼり屋さんはすごい繁盛していて、すすきのメインでやっていたんだけど、契約している店の営業が終わる夜中から昼過ぎぐらいまでかけて、何軒も何軒もおしぼりを回収しては置いていくんだよ。

それでね、そこに新人のナガイ君って子が入ったんだ。

新人が入れば、もともと働いていた人たちが仕事の内容だとかを教えるじゃない。基本となる仕事内容はもちろんだけど「○○ってお店はスタッフがいる間に回収しないとダメだ」とか「△△は何曜日と何曜日は行かないでいい」とか、細かいことも教えていくんだよ。

でも、そんな仕事内容の中で、先輩から一つ変なことを教えられたんだ。

「もし、仕事先で変なものを見ても気にするなよ。もっと言うならリアクションするなよ」って。

ナガイ君、なんでですか？　って聞きたかったんだけど聞けなかったんだって。なんでかっていうと、先輩からの「深く聞くなよ」っていう雰囲気を感じ取ってしまったからね。

なんとなくそんなのを感じる時ってあるでしょ？　まさにその状況だったのさ。

ナガイ君は（まぁ、なんかわからんけど言われた通りにすればいいか）って思ってたんだってさ。

それから一か月間くらい、仕事を教わりながらナガイ君はその先輩と一緒に、毎日のようにいろいろなビルのいろいろな店の中に入り、おしぼりを回収しておしぼりを置いていく――おしぼり屋さんとしての仕事をこなしていくんだ。

そんなある日、何度か行ったことがあるビルの地下一階にある店で、先輩がおしぼりの回収作業をしているのを見ていると、先輩の奥、三～五メートル先の壁際に人が立っていることにナガイ君は気がついた。

作業をしているこっちに気がついていないのか、こちらに背を向けて壁の方を見たままボーッと突っ立っているんだ。

ナガイ君（あ、ここは店の人がいるんだ）って思いながら先輩を見ると、先輩は壁際に立っている人に気が付いていないのか、おしぼりが入ったケースを持ち上げて店から出て行ってしまったんだ。

ナガイ君は、自分はこの会社の新人だし今後も付き合っていく店だから挨拶をしなければ、と思って、その立っている人に声をかけようとしたら「お前、何やってんのよー、早く行くぞー」って店の外から先輩に声をかけられた。

壁際に立っている人に声をかけるタイミングを失って、そのまま、ナガイ君はその店を後にしたんだよ。

それからも何度かその店に先輩と一緒に行ったんだけど、五回に一回くらいの割合でその店内には人がいたんだって。

そんなある日、いつも一緒に回っていた先輩が別の現場に入ったので、ナガイ君は一人ですすきのの契約している店を回ることになったんだ。

先輩と何度も行った場所と作業。何も困ることもなく順調に仕事をしていたんだよ。

そして、地下一階の、たまに壁際に人が立っている店にナガイ君は入ったんだ。

いつものように、預かっている鍵を使って扉を開けて中に入る。店内の電気は点けず、開けっ放しの扉から入ってくる外部からの光を頼りに使用済みのおしぼりをケースに回収する。

最後にそのケースを持ち、店外に出ようとしたら――いたんだよ。

店の奥に、壁際に立ってる人が。たぶん男の人なんだって。

ナガイ君は今まで先輩に「この店の奥に、たまに人が立ってますよね」とか言ったことはなかったし、先輩からも「人いたなー」など言われたこともなかったから、急に（壁際にいるコイツは幽霊なんじゃないか）って思ったんだってさ。


俺なら、鍵が閉まってる店内にいるんだから絶対に幽霊だと思うし、その瞬間まで疑問に思わないナガイ君も変だとは思うんだけどね。

でも、あまりにもハッキリと当たり前に見えるもんだから（幽霊なわけない）って思ってたんだってさ。

それでナガイ君、その壁際に立っている人に声をかけたんだよ。

「お疲れ様です」って。

でも、壁際にいる人はリアクションを一切しない。

無視をしているというわけではなくて、聞こえていないのか、ピクリとも反応しないんだ。

「すみません。大丈夫ですか？」

もう一度声をかけるんだけど、やはり反応はない。

ナガイ君は、あまりにもその人が反応しないもんだから心配になってきて、さらに声をかけながらその人に近づいていったんだよ。

やがて、その人の前に回り込んで顔を覗こうとした瞬間、記憶がプツッと途切れてしまったんだ。

気がついた時には先輩に顔を叩かれていて、その店の中で目を覚ました。

「お前、なしたのよ?」

そう先輩に言われて、ナガイ君は「え? あれ?」と混乱していたら、

「お前が会社に帰ってこないから、何かあったんじゃないかと思って俺含めた何人かで手分けして探してたんだ。そしたら、この店の入り口の扉が開いていて、中を覗いたらお前が倒れていたんだよ。何があったんだ?」

そう聞かれたので、ナガイ君は記憶が途切れる前のことを先輩に話したんだよ。

「実は……」って。

その途端、先輩から声を大にして説教されたんだってさ。

「お前、話しかけたのか! だから、お前が働き出してすぐの時に店の中で何か変なの

見ても気にするな、リアクションするなって言ったべや！」

そのビルのその店で一体何があったのかはわからないし、その後も壁際に立ってる人を見ることがあったみたいだけど、その一件以来、ナガイ君は声はかけなくなったんだ。

あの時、間違いなく立っている人の顔を見たはずなのに、まったく思い出せないとナガイ君は言ってたよ。

あまりの恐怖に記憶に蓋をしてしまったのかなー？

ちなみにその店はもうないけど、ビルは中央区南五条西五丁目に今もあるよ。

泣いてしまう——F寿苑

二十代前半の男性、昴さんから聞かせていただいた話。

「僕の友達にゲンってやつがいるんですけど、そいつが心霊スポットに行った時の話なんです」

その日、ゲンは男四人で、札幌市南区の定山渓《じょうざんけい》という温泉街にある「F寿苑」という心霊スポットに行くことになった。

F寿苑は二〇一四年に閉館してしまった廃ホテルだ。

一九五七年創業の老舗温泉宿で、源泉百パーセント掛け流し、ご飯も美味しく、料金もお手頃のため、とても人気のあった温泉宿である。

近年では建物の老朽化が進んでいたものの、館内の掃除は行き届いており、従業員の接客がとても丁寧だと好評で、地元の人にも愛されていた。

しかし、そんなF寿苑が突然閉館した。

もともとは浴場の配管故障のために「一時閉館」となっていたが、そのまま再開することはなかったのだ。

しかも、F寿苑の公式サイトで発表された閉館の理由は「風呂工事終了の目処《めど》が立たないため」というものだった。


夜の十一時過ぎに一台の車で出発し、F寿苑に到着したのは深夜零時過ぎ。

温泉街のはずれにあるため街灯は少なく、F寿苑の周辺は特に明かりがなく闇が深い。

男四人、F寿苑の入り口の前に立ち、携帯電話のライトを頼りに中に入っていく。

建物の中は荒れ果てていて、壁や天井は壁紙が剥がれていたり穴が空いていたり、床も抜けているところがあり、室内はカビのにおいが充満している。

怪我をしないよう細心の注意を払い、どっちの方向に進もうかと先頭のゲンが考えていた時――。

ヒッ…ヒッ……

唐突に、自分たちしかいない空間に、声なのか呼吸音なのかわからないが何かが聞こえ始めた。音の出所を探すために周囲を見渡すと、音の原因は四人のうちの一人、マサルの声だった。

マサルはうつむいたまま「ヒッ…ヒッ…」と、声を漏らし続ける。

「おい、どうした?」

みんなで声をかけながらマサルの顔をライトで照らすと、マサルの顔は涙と鼻水でぐちゃぐちゃに汚れていて、声を押し殺して泣いていた。

ヒッ…ヒッ…ヒッ……

「おい、マサルどうした? 何かあったのか?」

泣いているマサルにみんなで何度も声をかけるが、マサルは一人ひとりの顔をぐちゃぐちゃにした泣き顔で見つめながら、問いかけには反応せずにひたすらに泣き続ける。

「このままだったら、中を見ることなんてできないから車に戻るぞ」

まだF寿苑の建物内に入ってすぐのところで、三メートルほど戻れば外に出られたため、泣き続けるマサルを抱えて外に出ると、そのまま車に戻る。

車を走らせ十分ほども経過すると、ようやくマサルが泣き止んだ。

「マサル、大丈夫か？」

ゲンが運転しながら声をかける。

「うん。とりあえずは落ち着いた」

少し枯れた声でマサルが答えた。

「いったい何があって、泣いてたんだ？」

「わからない。泣いたのも覚えてるけど何もわからない。ただ、俺は二度とあそこには行かない」

泣いた理由はマサル本人もわからないそうだ。

その後もみんなで矢継ぎ早にマサルに質問を投げかけたが、マサルは「わからない」の一点張りで、その日は解散になった。


いったいあれはなんだったたんだろう。

気になったゲンを含めた三人は後日、マサルの代わりに霊感がある友達のレンを連れて再びF寿苑に行った。

到着したのは前回と同じく深夜の零時過ぎ、雰囲気も前回同様だ。

レンには事前にマサルのことを話していた。

「普通に正面から入るんだよ」

過去に行った三人が正面玄関から中に入ろうとすると「いや、ここ、俺は入れない」とレンが入り口前で立ち止まる。

「なんかわかんないけど、ここダメだ。ヤバイわ。俺は絶対に入らない」

三人はごねることもなく、レンの言葉に従ってその場を後にした。

何故なら、レンの顔が涙と鼻水でぐちゃぐちゃになっていて、まるであの日のマサルのようだったからだ。

しかし立て続けにこのような現象が続くと、恐怖心はあるが非日常を感じたくて、また行きたくなってしまう。

三人は後日、友達のコウキを連れて、またF寿苑に行くことにした。

コウキにも事前に、マサルやレンの身に起きたことを説明した。コウキは話を聞き終わった後に「怖っ」とリアクションを取っていたが、すぐに笑いながら言った。

「たぶん俺は大丈夫だよ。マジでまったく霊感ないし、てか信じてないし」


車を走らせて、またまた深夜の零時過ぎにF寿苑の前に辿り着いた。

三人はすでに二回行っているので、慣れた感じでコウキを連れて中に入っていき、携帯のライトであたりを照らす。その流れで一人ひとりの顔を照らすが誰一人として泣いている者はいない。

ゲンが（ついに本格的に中を見ることができる）と、思った時だ。


ヒッ…ヒッ…ヒッ……


泣き声が聞こえる……。

急いで声のする方をライトで照らすと、コウキがマサルとレンと同じく、涙と鼻水で顔をぐちゃぐちゃにしながら声を押し殺して泣いていた。

「ゲン、そこでマジで怖くなったみたいで、泣いてるコウキと他の二人も連れてF寿苑から出て車に飛び乗ったんです」

車で二分ほど走ると国道沿いにコンビニがあり、そのコンビニの駐車場に車を停めた時にはコウキは泣き止んでいた。

「大丈夫か？」

ゲンがコウキに声をかける。

「うん」

コウキは力なく頷いた。

「とりあえずコンビニの中に入るか」

「うん……」

どうもコウキの様子がおかしい。どこか上の空というのか、感情が読み取れない。

四人でコンビニに入った後も、コウキは天井を見上げるように少し上向き、フラフラと店内を歩く。

「おい、コウキ。マジで大丈夫か？」

「………」

名前を呼んでも反応がない。

「コウキ、なんか変じゃね？」

三人で話し合っていると、コウキがフラフラしながらコンビニから出て行った。

車に戻るのかと三人でコウキの様子を窺っていると、車の方ではなく駐車場から出て行こうとしているのが見えた。

「コウキ、どこ行くんだよ！」

ゲンがコンビニを飛び出し、追いかけて声をかける。

「さっきのところに戻るわ」

振り返ったコウキの目は焦点が合っていない。

「コウキ、行ってどうすんだよ！　危ないって！」

「いや、大丈夫だから」

コウキはゲンの制止も聞かずに歩き出した。

ゲンはコウキに駆け寄り腕を掴む。

「ダメだ。帰るぞ」

腕を掴みコンビニの方に引っ張ると、コウキは抵抗することもなくついてくる。しかしコンビニの中で目を離せばまた、コウキは外に出て行こうとする。

このままここにいても同じことの繰り返しだと判断したゲンたちは、コウキを車に乗せて家に送ることにした。その帰る道中、コウキはまるで夢から覚めたかのように、正気に戻った。そして、

「二度とあの場所には行かないし、あの場所の出来事に関して一つも話したくない」

と言ったそうだ。


昴さんは、コウキがコンビニでおかしくなっている様子をゲンが携帯で撮影したのを見せてもらったという。

「僕、コウキはゲンと共通の友達だからどんなヤツか知っているんですけど、映像の中にいたコウキは別人でした。なんか心ここにあらずで、名前を言われても自分の名前を知らないみたいにリアクションがなくて、目が細かく左右に揺れたり、ぐるぐる回ったりして、でも終始表情はないんです」

Ｆ寿苑から家に戻った次の日。コウキを心配したゲンがコウキの様子を見に行ったところコウキは完全に正常に戻っていたという。

霊感がある、なし関係なく泣いてしまう心霊スポットＦ寿苑。
いったいここにはナニがいるのだろうか。
一時閉館から閉館になってしまった原因と何か関係があるのだろうか。
しかしきっと、真相は暴かれることはなく、このまま闇の中に消えていくのだろう。

北24条の物件

大学四年生の男性、設楽さんから聞かせてもらった話。

設楽さんには名古屋さんという大学一年生の時からの男友達がいる。

設楽さんと名古屋さんは仲が良く、週に三、四回は遊んでいるという。

遊ぶ場所はほぼ毎回、名古屋さんの家で、北24条駅から歩いて十分ほどのところにあるメゾネットタイプのマンションだ。

その当時、設楽さんと名古屋さんは投稿系の心霊映像ＤＶＤにハマっており、遊ぶたびに何枚も見ていた。

しかし名古屋さんの家で、そのようなＤＶＤを見るようになってから、不可解な現象が名古屋さんの家の中で起こるようになったという。

ＤＶＤを見ている最中に、部屋の電気が点いたり消えたり、コンコンと窓を叩くような音が聞こえて外を確認しても何もいない。また、突然風呂場から水の流れる音が聞こえて見に行くと、誰も触っていないのに蛇口が開いてシャワーが出ていたりする。そのように、様々な現象が起きていた。

だが、設楽さんと名古屋さんはヤンキー気質なところがあり、怖がることもなく、その現象を楽しんでさえいたという。

その日もバイトを終えた設楽さんはホラーのＤＶＤを借りて、夜の十一時過ぎに名古屋さんの家に遊びに行った。

名古屋さんの家は一階が風呂場とキッチンと勉強部屋、二階がリビング兼寝室という造りである。

設楽さんは二階に上がり、リビングの扉を開けてソファーの上に腰を下ろすと、ベッドに横になっていた名古屋さんが起き上がる。

「おつかれー」

「名古屋おつかれー。今日もＤＶＤ借りてきたから一緒に見ようぜ」

その後、三十分ぐらい他愛のない話をすると、いつも通りＤＶＤをセットして二人でベッドの上に座ると見始めた。

四十分ほど経過した頃だ。

テレビの左手側にリビングの扉があり、その扉の真ん中に長方形の細いガラスがはめ込んであるのだが、そのガラスがチカチカと光り出した。

「あれ？」

設楽さんがガラスの方を確認すると、ガラスがチカチカと光っているわけではなく、扉の向こう側、階段の電気が点いたり消えたりしている。

「うわー、名古屋、またいつものやつ始まったよ」

「最近マジで多いな。てか、いつもならＤＶＤ三枚目くらいから変なことが起こり出すのに、今日は早いなぁ」

毎度のことに慣れていた二人はそんな現象を横目に談笑しながらＤＶＤを見ていた。

すると、二人が見ている目の前でテレビのボリュームが勝手に小さくなっていき、音が聞こえなくなってしまった。

「これは初めての現象だね」

設楽さんが名古屋さんの方を向いて話しかけていると、あたりが異常なほど静かなことに気がついた。

名古屋さんの家は大きな道路沿いにあり、トラックなども時間帯に関係なく走るため、常に何かしらの音が外から聞こえてくる。

しかし、いつも聞こえてくる外の音が聞こえないのだ。

「設楽、なんか変じゃない？」

「うん、なんか変。静か過ぎる」

異様な雰囲気を察した二人は辺りを見回す。

カッチャ……

二人の見ている目の前でリビングの扉のドアノブが動き、扉がひとりでに開く。

「え？　何あれ？　今まであんな風になったことないんだけど……」

名古屋さんが少し声を抑えながら扉を指さす。

ペタ…ペタ…ペタ…ペタ……

誰かが裸足《はだし》で階段を上がる音が聞こえてきた。

「名古屋、下に誰かいるのか？」

設楽さんが確認すると名古屋さんは首を横に振る。

「誰もいない。俺たちだけだよ」

ペタ…ペタ…ペタ……

音が徐々に近づいて来る。

ここで二人はベッドに倒れ込み、二人で布団の中に潜り込んだ。

「え、なに？　泥棒？」

息を潜めて名古屋さんに話しかける。

「静かに！　泥棒だとすれば捕まえるだけだ。……てか、何も聞こえなくなったな」

二人でそのまま五分ほど隠れていたが一向に何も聞こえないため、そっと布団から顔を出し、扉の方を確認する。

布団に横になった状態から扉の方を見ると、テレビが邪魔で扉の向こう側、階段の方がハッキリと確認できない。

だが、扉が全開になっていることはわかる。

「誰かいるか？」

声を抑えて名古屋さんに確認する。

「いや、ちょっと待ってよ」

名古屋さんが扉の方を見るために体勢を変えている最中、設楽さんも体の位置を少しずらした。

すると、テレビ台の端。扉とテレビ台の間に立っている足が見えた。

白くて細い脚。男性ではなく、女性の足のように見える。

「名古屋！　誰かいる！」

咄嗟に大声を出すと、名古屋さんもベッドから飛び起き、扉の方を見る。設楽さんも同じく起き上がり扉の方を見た。

すると、そこには髪の長さが胸のあたりまである、二十代前半の女性が立っていた。

全身に黒いモヤのようなものがかかっている。服装はわからないが暗い表情をしていて、目はあるけど目の周りがベコッと窪んでいる。

「え？　え？」

設楽さんがうろたえていると、

「お前、誰だよっっっ‼」

名古屋さんが怒鳴《どな》り声を上げた。

しかしその女は、なんの反応もせずに扉とテレビ台の間に立っている。

「名古屋、あれ絶対人じゃないって！　見ない方がいいだろ！」

「俺も思った。いきなり怒鳴りつけられて、反応しないわけないもんな」

「逃げなきゃ！」

「どうやって？　出るための扉のほぼ真ん前にいるんだぞ」

逃げられる状況じゃないとわかると同時に、設楽さんは布団を被った。

名古屋さんも布団の中に入ってくる。

「とりあえずこのままじっとしていよう。いつかいなくなるだろ」

設楽さんと名古屋さんはそのまま三十分以上布団の中に隠れていた。

相変わらず無音の状態が続く。

「そろそろいなくなったか？」

「設楽、確認してみろよ」

設楽さんは布団から顔を出し、扉の方を見てみた。

そこにはまだあの女が立っていた。

自分たちを見ているわけではなく、部屋全体をぼんやり眺めるような状態でボーッと立っている。

布団の中に戻り「まだいるわ」と伝えると、名古屋さんは「マジかよ」と言って顔を敷き布団にうずめた。

その後も三十分置きくらいに布団から顔を出して三回ほど確認したが、ずっと女は立っている。逃げることもできず、女も立っているだけだったため、設楽さんと名古屋さんはいつの間にかそのまま眠ってしまった。そして、数時間後に外を走る車の音で目を覚ますと女はいなくなっていた。

後日、名古屋さんの家が事故物件なのではないかと調べたがそんな事実はなく、いったいあの女が何者なのかは未だにわからないそうだ。


だが、設楽さんの最後の一言が今でも僕の中に引っかかっている。

「あの日から、名古屋がその話をよくするようになったんですけど、まるで好きな女のことを話すようなテンションなんですよね――」

名古屋さんは現在もこのマンションに住んでいる。

厚別区の団地

二十代後半の男性、透さんから聞かせていただいた、透さんが中学生の時の話。

透さんの実家は札幌市厚別区にあり、生まれも育ちも厚別区だった。

中学校は実家から徒歩十分圏内にあり、部活に入っていなかった透さんは同じく部活に入っていない小学校からの友達と、放課後は毎日のように遊んでいた。

中学生の時の透さんは、何かに反発をしたり反抗をしたいという気持ちはなかったが、周りの友達がどんどん不良になっていく中で、気がつくと自分も不良の仲間入りをしており、やんちゃな遊びばかりをしていたという。

そんな中、透さんたちの中で「万引きブーム」が到来。これは、コンビニやスーパーで万引きをし、高額な物を盗んだ方がより凄いという、とんでもない遊びだった。

「お恥ずかしい話、当時は万引きをした時のスリルを楽しんでいたんです」

しかし、そんな遊びが許されるわけもなく、透さんたちが万引きをしていたコンビニやスーパーはどんどんと防犯が強化され、透さんの仲間も次々に捕まっていく。

透さんを含めた、まだ捕まっていない仲間たちは、自分たちが万引きした商品を、コンビニのゴミ箱や公園のゴミ捨て場に捨てに行った。捕まった仲間たちが自分たちのことをチクるかもしれない、そうした場合に万引きした物を家に置いておくと証拠品になって自分たちが危ないかもしれない、そう思ったのだ。

でも、中には捨てるにはもったいないから取っておきたいものもあった。

「どこかに隠せる場所はないかなって話を仲間数人としていたら、金子ってヤツが廃墟になった団地の中に隠そうって案を出してきたんです」

その廃団地は透さんの家から自転車で十分から十五分ほどのところにあった。建物が古くて危ないから、近づいたり中に入ってはダメだと、小さな頃から親に言われている場所で、その団地周辺は人通りも少ない。ちょうど誰にも邪魔されない溜まり場が欲しいと思っていた透さんたちにはもってこいの場所だった。

夜の十時過ぎ、透さんは金子と後輩を一人連れて、下見のために廃団地に向かった。

現地に着き、改めて建物を確認すると、昔ながらの四階建ての団地が四棟並んでいるのがわかった。入り口や一階の窓にはベニヤ板が打ってあり、中に入れそうにない。

「ベニヤ板が外れている棟がないかと一つ一つ見て回ったんですが、どこも全部ベニヤ板が打ち付けてあるんです」

これはダメだと、諦めて帰ろうと思ったその時。


バキッ！


透さんの背後から大きな音が聞こえた。

振り返ると、金子がC棟の一階窓に打ち付けてあったベニヤ板を剥いでいる。

「こうなったら壊して入るしかないべや」

そう言うとベニヤ板を剥いだ窓も木枠ごと壊して外し、入り口を作ってしまった。

そんな金子を透さんたちは褒め称えた。

「お前すごいな！　これで中に入れるわ」

「おう！　みんなで中に入ろう」

金子は促すが、後輩がその場から動かない。

「どうした？」

「あの、透くん。俺こういうところ怖いんで外で待ってます。あと、警察とか来た時に教えられるように見張っておくんで」

後輩の怖い怖くないはどうでもいいとして、警察が来た時用の見張りは必要だろうということで、後輩をその場に置いて透さんたちは中に入っていった。


団地の中は想像以上に綺麗で、軽く掃除をすれば地べたに座ることもできそうだった。一階、二階、三階、四階とすべての階を見てまわると、窓を外して入った一階の一〇三号室が一番綺麗だったので、そこの玄関の扉を開け、金子と二人でタバコを吸いながら部屋を見渡した。

ガシャンッ！

大きな音と共に突然、外にいた後輩が窓から部屋に転がり込んできた。

後輩は「あ、あ」と、声を震わせながらあたふたしている。しかし突然、堰《せき》を切ったように喋りだした。

「この団地はダメです！　上に人がいるから早く出ないと、警察呼ばれます！」

「いやいや、ベニヤ板で打たれてたんだから、中に人がいるわけないじゃん」

透さんと金子は落ち着いたトーンで後輩を宥めようとする。

「いたんです！　外からこの団地見てたら二階で人影が動いたの、見えたんですよ！」

これは事細かに人がいないことを説明するよりも、行動した方が早いと透さんは思った。

「わかった。それならこれから俺が上、見てくるわ」

後輩が止める中、透さんは一〇三号室の玄関から出て行こうとすると、金子が声をかけてきた。

「透、俺はこいつと一緒に一回外に出て、外から上に人影が見えるかを確認するわ」

「おう、わかった」

透さんは二人が窓から出ていくのを確認してから廊下に出て、階段を上がる。

自分しかいない階段は、歩くたびにカツーン、カツーンとやけに足音が響く。

二階に到着した透さんは人がいないか確認するため一部屋ずつ、手始めに階段を上がって一番手前の部屋から入っていくことにした。

十畳ほどの和室と八畳ほどの和室の二部屋、ここにも家具や小物などは一切なく、押し入れは開いていて、もちろんそこに人はいない。

この部屋には誰も居ないことを伝えるため、窓を開けて外にいる二人に声をかける。

「おーい、ここには誰もいないわ！」

見ると、金子も後輩も目を丸くして、顔をこわばらせながら首を横に振っているのがわかった。

「どうしたの？　そんなドッキリとかいらないって」

「お前、早く降りてこい！」

「透くん、ヤバいです！　早く出てきてください！」

金子と後輩が焦った様子で声を上げている。

「透、早く降りてこいっ！　上に人いる！　三階だ！　ホームレスとかだったら危険だし、早く戻ってこい！」

二人のあまりの剣幕に透さんは「わかった」と返事をし、小走りで階段を下りると建物から出る。

「あの建物、小さい音でも反響するから俺以外いないって」

二人を落ち着かせるため中の様子を説明しようとすると、それを遮って金子が喋り出した。

「いや、マジで三階に人いるわ。俺とコイツでハッキリと人影動くの見たんだよ。間違いなく三階に人がいる！」

透さんはすぐに三階を見上げたが人影なんてない。

「いないじゃん」

後輩も手足をバタつかせながら二、三歩近づいてきた。

「透くん、マジでいたんですよ！　男か女かとかはわからないんですけど、人影ありました！」

「透、今日は帰ろう。俺今日はもうこの中に入る気分じゃない」

透さんには人影は見えなかったが二人の様子を見て、透さんも今日はもうやめた方が良さそうだと判断して帰ることにした。

それから数日後、透さんは学校が終わった後、家に帰り私服に着替え、金子ともう二人の友達と合流して、まだ防犯が強化されていないスーパーに懲りずに万引きをしに行った。しかし、すでに店側からは万引きの常習犯としてマークされており、万引きをして店を出た瞬間に店員に声をかけられてしまった。

透さんたちは一目散に逃げ出して、みんなでスーパーから自転車で五分ほどの例の団地に身を隠すことにした。

C棟の一〇三号室の窓から中に入り、内側から外した窓をハメ直す。

「いやー、マジでやばかった。もう万引きできないな」

透さんは地べたに座り込んだ。

「捕まると思ったよな」「マジでこれが最後になるだろうな」「いや、あと一回くらいいけるんじゃねえの？」

みんな、身を隠せた安堵感からか、思い思いのことを口に出す。

「でも、まだ俺たちのこと探し回ってるかもしれないから、しばらくはここから動けないよな」

全員座り込み、タバコを吸いながらたまに窓から外を見て、自分たちを探しているような人影がないか確認していると、
コン、コン。

天井から何か音が聞こえた。

「ん？」

「これ、なんの音？」

透さんが首を傾げながらみんなを見渡す。

「古い建物だし、家鳴りみたいなことじゃないの？」

「気にしなくていいだろ」

「そうだな。あ、そういえ——」

コン、コン。

次は話を遮るかのように、確かに上から音が聞こえた。

「いや、やっぱり音する。しかもなんか規則的になってる気がするし、俺見てくるわ」

透さんは部屋から出ていき、一階から二階に続く階段を見ると、フワッと一瞬影のようなものが横切るのが見えた。

（この前、金子たちが人がいるって言ってたけど、マジでホームレスとかいるのか？）

透さんは確認のため階段を上がりあたりを見渡すが誰もいないし、耳を澄ませても音も聞こえなくなってしまった。

（気のせいだったのか？）

階段を降り、みんながいる部屋に戻る。

「誰かいたか？」

「いや、影みたいなの見た気がしたけど誰もいなかった」

カン、カン。

「ん？」

やっぱり聞こえる。しかも、さっきよりもハッキリと――。

ここで透さんは過去にした心霊体験を思い出したそうだ。

「これ、良くないかも」

「え？」

「俺、昔から一～二年に一回くらい心霊体験みたいなのするんだけど、これそうかも」

そう言いながら部屋から出て、廊下から階段の方を見ると、さっきみた黒い影がフワーっと降りてくるのが見えた。

「っ！！！！」

それを見た瞬間、全身に何故か鳥肌が立つ。

恐怖で声が漏れそうになったが、ここであることを思い出した。

透さんの母親は霊感が強く、母親から「もし霊を見てしまったり、感じてしまってもリアクションをしてはいけないよ。霊側から自分の存在を認識しているとバレてしまうから」と言われていたことを。

透さんは漏れそうになった声を飲み込み、部屋の仲間たちに「そろそろ出た方がいいかもなー」と平然を装いながら声をかける。

ドタドタドタドタッ！

一気に階段を駆け下りる音が聞こえた。

「うわっ！　なんだ、今の！」

金子が声を上げると、その場にいた全員が窓から外に出て行く。

透さんも窓から外に出て、その場からすぐに逃げ出そうと思っていたが、何故か足が止まった。誰かに声をかけられたような気がして、団地の方を振り返ると三階の一部屋に目線が止まる。

その目線の先には窓からこちらを見ている女性がいた。

髪が長くバサついていて、肌が異様に白い女。

しかも、その姿は異形だった。

部屋の中からこちらを見下ろしているのだが、窓の下の部分に肩があり、そこから首がぐにゅーっと上に伸びていて、頭のてっぺんがちょうど窓の上の高さにある。

「うわあぁぁっっっ！」

透さんは母親からの忠告を忘れて大声を出し、友達たちを置いて一人その場から逃げ出した。

「考える暇のない恐怖は声、出ますね。その女、首が一般的な人の三倍くらい伸びていたんです。そんなのが僕たちのことをずーーっと見下ろした状態でジッとこっちを見つめていたんですよ。今でも夢で見るくらいなんでトラウマってやつですかね」


その団地はすでに取り壊されたが、そこには今、新しい団地が建っている。

妻の上に

札幌市北区在住四十代の男性の隆さんから聞かせてもらった話。

隆さんは霊感が強く、体験談が数多くある。そんな隆さんからあなた自身が取材している体で読んでいただきたい。


夜、何故かわからないけど眠れない時ってあるじゃないですか。

僕の場合は少しだけ霊感があるからか、今日寝てる時に霊にいたずらされそうだなとか、家の中に家族以外の気配があったりすると寝れないんですけど、その日もなんか妙な気配がして眠れなかったんです。

疲れもあって眠たかったから布団に入ったんです。けど、寝付けない。

目をつぶりながら眠れない原因を探っていると、確実に部屋の中に何かがいる。

気配があるんです。

でも過去の経験から、この気配は害がなさそうだなって思って気にせずに寝ようとしたんですよ。

仰向けになってても、寝付けないいんで寝返りを打つ、でも、寝れない。反対側に寝返りを打つ、でも、寝れない。

こんなことを何度も何度も繰り返しているうちに急激に眠気が来て、自分でも自分が眠りについていくのがわかるんです。

あー、やっと眠れる。と思ったら突然金縛りにあったんですよ。

横には奥さんが寝ているから、金縛りになっているけど、もがいたり、声を出してアピールをして助けてもらおうかなとも思ったんですが、奥さんは怖がりだし、金縛りなんてしょっちゅうなっているもんですから怖いって感覚がなくて（また金縛りかよ、めんどくさいなぁ）程度にしか考えていなかったんです。

しかも、そんなん考えてる間に金縛り解けたんですよ。

よし、ならもう一度眠ろうかと思って眠りやすい姿勢をとって目をつぶったんです。

（何もいたずらされなくてよかったな）と思っていたら、異常に体が熱くなってきたんですね。

（あっつ……え、なにこれ、ヤバいくらい暑い……）って、思って布団をはいで、少し涼しくなったなぁって思ったんですけど、それでもやっぱり暑いんです。

どのぐらい暑いかっていったら、体が焼けるんじゃないかってくらいに暑いんですよ。

でも不思議なもんで、そんなに暑いのに汗は一滴もかかないんです。

（なんだろこの体験）と、思いながら寝返りを打って、体勢を変えてってしていたら次、ゾクって寒気がしたら急激にめちゃくちゃ寒くなってきたんです。

（うわっ、寒っ）

体が小刻みに震えるほど寒いんです。

あー寒い寒い寒い寒い。布団をかぶって小さくうずくまっても寒い。

もう感覚で言うとインフルエンザとかに罹った時って体がめちゃくちゃ暑くなったり急激に寒くなったりするじゃないですか、あの感じなんですよ。

（どうしよう、こんな寒かったら眠れない）って思ってる間に、いつの間にか寝てしまっていたんです。

でもね、これで終わらなかったんですよ。その時、どうやら僕左手を自分の胸の上に置いた状態で寝てたみたいなんですけど、突然自分の胸の上にあった左手がバンッ！て、自分の胸の上から布団に叩きつけられたんです。

（え？　どういうこと）って思っていたら、急に左手の人差し指の第二関節に激痛が走ったんですね。

その痛さにビックリして左手見たら、何か黒いものが左手の前にあって左手が見えないんです。なんだこれ？　と思いつつ、左側には奥さんが寝ているから奥さんの方を見てみたら、確かに奥さんは寝ているんだけども、奥さんの上に髪が肩くらいまである女が、寝ている奥さんの左側から奥さんの上半身に腹這いで乗っていて、俺の左手の人差し指に噛み付いてることがわかったんです。

「イッテェな、コイツ！」って俺言いながら左腕を振ったら、その女左手から離れたんですよ。

そこで初めて顔を見たんですけど、三十代後半から四十代前半くらいの女で、その女、俺のこと見つめながら、しゃがれた声で言うんです。

「そのガチガチの指、寄越せ」

いや、ムリムリムリムリムリ！　あげられない！　やめて！　って、奥さん寝てるから小声で言いながら、そいつから視線外さないで左手を右手で庇ってるうちに、その女いなくなって空気もいつもの家の空気に戻ったから安心して寝たんですよ。

で、その日の朝ですよ。奥さんが自分に向かって、

「ねぇ、昨日、夜中うなされてたよ」

って言うんですけど、あまり奥さんのことを怖がらせたくなかったんで、

「いつものやつだよー、何も気にしなくていいやつ」

と言ったら「何あったのー?」って聞いてきたんで軽い感じで答えました。

「左手噛まれたんだよねー」

「うそー?」って奥さんも笑ってたんで、

「マジマジ!　めっちゃ痛かったんだよねー」

って左手奥さんに見せたら、左手の第二関節にガッツリ歯形がついてて、俺はもちろん夢じゃないって思ってたけど、奥さんがマジな顔になっちゃって。

「本当に噛まれてるじゃん」って。

結局、怖がらせてしまったんですよ。

ちなみに隆さんは、左手を噛んできた女性にはまったく覚えはないと言う。

自己暗示

「私、霊感とかは一切ないんですけど……」

実家が札幌市中央区にある南さんという、二十代前半の女性から聞かせていただいた話。

南さんは小学三年生の時に、ずっと欲しかった、ベッドと勉強机が一体型になっている〝システムベッド〟を親に買ってもらった。

これは二段ベッドのようになっていて、一階部分には勉強机があり、梯子で上がる二階部分がベッドになっている。

念願叶ってやっと買ってもらった勉強机とベッド。南さんは毎日、机に向かって勉強をしたり、漫画を読んだり、お絵かきをしたり、まだ眠たくはないけれどもベッドに横になったりして、自分の部屋にいる時間が多くなったそうだ。

しかし、ある日から急に、そのベッドがとても怖く感じるようになった。

ベッドにはたくさんのぬいぐるみが置いてある。大好きなぬいぐるみに囲まれて眠るので、怖いなんて感じないはず。

しかし、何かが寝ているベッドの側にいるような気がしてしょうがない。

ぬいぐるみとぬいぐるみの隙間や、足元にある小さなクローゼットの中、ベッドと壁のちょっとした隙間も確認して、何もいないことを確認した後に頭から毛布に包まる。

そして手や足も毛布から出ていないことを確認して「今日も何もありませんように」とお祈りして眠るようになった。


そんなある夜、いつも通り、ベッド周りに何もいないことを確認して、毛布に包まって眠りについた。と、突然目が覚めた。

窓の外はまだ暗い。

今は何時なんだろう？　時計を見るために毛布から顔を出して、壁に掛けた時計に目を向けた時、視界の端に動くものが見えた。

フッとそちらに目をやると、ベッドを組む木材の上に十センチくらいのボンヤリとした蛍光の紫色をした何かが見える。

（え？　あそこに何か置いたたっけ？）

おびえながらも正体を突き止めなければと思い、目を凝らして見ると、それは全身が紫色に染まった全長十センチくらいの小さいおじさんだった。

紫色の何かの正体が小さいおじさんとわかった瞬間、衝撃と恐怖が一気に全身を駆け巡り、声を出すことも逃げることもできなくなった。涙が溢れてきてどうしようもない。

なんとかしなきゃ。この場から逃げなきゃ。涙でぼやける視界の中、ベッドから降りようとはしごの方を見た後、もう一度小さいおじさんがいる方を見てみるとすでにおじさんはいなくなっていた。

急いで下りて部屋を飛び出し、お母さんが眠っている部屋に逃げ込んだ。眠っていたお母さんを叩き起こし、今あった出来事を説明したが「怖い夢を見たんだね。もう大丈夫だよ」と言って、全然信じてもらえない。恐々部屋に戻って、まんじりともせずに朝を迎えた。

また別の日も夜中に目を覚まし、あたりを見回してみたら、某有名海賊漫画の女性キャラクター「ナミ」が、紫色の小さいおじさんがいた場所に、おじさんと同じサイズ感でいるのを見たことがあるという。

「でも私、その漫画読んだことなくて、その出来事から数か月後に偶然その漫画のポスターか何かを見た時に『これ私の部屋に出たやつだ』ってなったんです」


それからまた数か月後の出来事だ。

南さんはとてもお祖母ちゃん子で、頻繁にお祖母ちゃんと電話で話をしていた。

その日は「知り合いが飼っていた猫が死んでしまって悲しい」というお祖母ちゃんを励まして、電話を終えた。その晩のことである。

いつものように誰もいないチェックをしてから毛布に包まって、さあ眠ろうとするのだがなかなか寝付けない。どうしよう。眠れない。怖い。そんなことを考えていると余計に眠れなくなってしまい、風で揺れる窓の音やちょっとした物音でビクビクしていると、何か気配がする。

のそ…のそ…のそ……

何かが足元の、毛布の上を歩いている。

「なに⁉」

とっさに顔を上げると、足元からこちらに向かって毛布の上を猫が歩いている。

状況が理解できずに猫から視線を外せずにいると、顔の前まで猫が来て、目の前で突然消えた。

「その猫が、お祖母ちゃんが言っていた猫なのかどうかは、私は会ったことがないからわからないんですけど――」


南さんの体験はまだ終わらない。

さらにそれから数か月後、その日もなかなか寝付けずにベッドの上で眠ろう眠ろうとしていると、急に部屋全体が暗く重たい空気に包まれていく感じがした。

今まで部屋の中で変なものを見たり聞いたりすることはあったが、今までにはなかった感じ。

目を開けるのも怖くて毛布の中に包まり（何もない何もない何もない）と自分に何度も言い聞かせる。しかし、部屋の空気はさらに暗く重たくなっていくのがわかる。

どうやらそれは天井から降り注いでくるような、そんな気がした。

恐る恐る毛布から顔を出して、ゆっくりと目を開けて天井を見てみると、そこには天井を覆い隠すほどの大きな顔があった。

目は大きく血走っていて、口には牙がある真っ赤な顔。それは鬼以外の何物でもなかった。

考えるよりも早く体が動いていた。梯子を使う余裕はなく、ベッドを飛び降りると部屋を飛び出し、お母さんの部屋に入っていく。

寝ているお母さんの布団に潜り込み、しがみついて震えているとお母さんが起きた。

南さんはすぐに自分が見たものをお母さんに必死になって伝えた。しかし、どれだけ必死に伝えても「夢だ」と言われ、終いには「悪いことばっかしてるから鬼が来たんだよ」と笑われてしまったそうだ。


ひと通り話を聞かせてもらったあとに、僕は一つ質問した。

「霊感とかは一切ないって話を聞かせてくれる前は言っていたけど、ならどうして南さんはそういうものが見えたんだと思う？」

我ながら、怖がりな人に対して意地悪な質問をしたと反省している。

だが、そんな僕の質問に対して、南さんは首をかしげながら答えてくれた。

「あの時の私はすべてのものが怖かったんです。だから私は自分に無意識のうちに呪いをかけていたのかもしれません。怖いを意識しすぎた結果、普通は見えない怖いものを見てしまう呪いを」

何故か、僕にとっては妙に納得のいく答えだった。

思い込みの力というものは、時に妄想を現実に変えてしまうのかもしれない。

清田区のOマンション

二十代前半の女性。くるみさんから聞かせていただいた話。

くるみさんは去年の九月の末頃、親元から離れるため引っ越すことにした。しかし、完全に親元から離れる勇気はなかったため、実家から徒歩二十分ほどの近所のマンションへ引っ越すことにした。

引っ越し先のマンションは３ＬＤＫで一人暮らしには広すぎるが、家賃も安く、実家からの距離感や通勤のこと、今後ペットを飼いたいなど様々な理由からその物件に決めたそうだ。

引っ越してから一週間が過ぎた頃、ちょうど十月の頭ぐらいより、家の中で奇妙なにおいを嗅ぐようになった。

そのにおいは、いわゆる加齢臭のような……古くなった油のようなにおいがする。それに加えて妙な気配も感じるようになる。

実はこのマンションの裏手には斎場があり、霊感のないくるみさんでさえも、そのにおいや気配を「もしや」と思い、薄気味悪さを感じていた。

そのうち、もしかしてここは幽霊が出るから家賃が安いのではないか、と考えるようになった。

数日後、友達二人を自宅に招いた際に聞いてみた。

「あのさ、この部屋ちょっと変なにおいがする気がするんだけど、気になる?」

すると、友達二人は顔を見合わせて、ちょっとホッしたように言った。

「良かった。さっき二人で、くるみの部屋がおじさんのにおいがするねって話をしてたの。くるみに言えないなと思っていたんだけど、くるみもこのにおいに困ってたんだね。管理会社とか大家さんに相談してみればいいんじゃない?」

どうやら友達二人も、そのにおいを感じていたのだ。

友人の証言を受けて三日間程度、においについて、どうにかしたいという思いから、インターネットなどであれこれ調べるようになった。

消臭剤、御札や塩、お神酒、気合い……などなど。

スプレー式や置き型の消臭剤の使用に加え、幽霊の可能性も否定できないため、お祓いもしようと思い立ち、古今東西、さまざまなお祓いの方法を、なるほどなぁ、と納得しながら調べていた。

そんな中で一つ、簡単にできそうなお祓い？　があったので試してみることにした。

とある書き込みによれば「霊は性的なコンテンツに弱い」とある。つまり、幽霊がいると思われる場所でＡＶを流せば、その場にいる霊を祓えるというのだ。

どちらかといえば、人間の方が興奮して霊を気にしなくなるだけではないのか？　と思ったが、何はともあれ実践してみることにした。

しかしそこで冷静になり考える。

においは加齢臭、おじさんの霊なのではないだろうか？　と、なると、ＡＶなんぞ流したら興奮して、においがより強くなってしまうのではないだろうか。もし、ＡＶを流してにおいが強くなってしまったら、怖いとかではなく「キモい」が勝ってしまう。

考えすぎかもしれないが、ＡＶを部屋で流す若い女の子っておじさんからしたら興奮材料以外の何物でもないのではないか？

においが強くなるどころかエロいことを仕掛けてくるようになるのでは……？

どうしたらよいかと小一時間考えて、くるみさんは閃いた。

マニアックでハードなゲイポルノを流せばよいのでは！

くるみさんはインターネットでそういった動画をダウンロードし、毎日一回は流すことにした。

そんな生活を続けて一週間。思いのほか早く効果が出たという。

今ではにおいも気配も感じることなく、新生活を満喫しているそうだ。

農試公園

「俺の姉ちゃん、小学校低学年の頃、急に変な癖がついたことがあったんですよ」

二十代後半の男性、梶さんが幼少期の時の思い出を話してくれた。

梶さんの実家は札幌市西区八軒にある。お姉さんのユカリさんとは仲がよく、一緒に近所にある「農試《のうし》公園」で遊ぶことが多かった。

農試公園とは北大の農業試験場の跡地に作られた公園であり、野球場やテニスコートもあるとても大きな公園だ。


その日、いつものようにお姉さんと農試公園に行こうとすると、母親がリビングから出てきて二人を呼び止めた。

「二人ともごめん。今日の晩御飯の材料が全然なくて、今から買い物に行くから手伝ってくれない？」

梶さんとお姉さんは、お母さんと買い物に行くのが当時とても好きだったこともあり、その日は公園に遊びに行かずにお母さんについて行った。

その買い物の帰り道だった。

母親が思い出したように話し出す。

「そういえば、農試公園に最近、変なオジさんがウロウロしてるって話を聞いたから、しばらくは農試公園には近づいたらだめだよ」

「ええーーー」

梶さんとお姉さんは大好きな公園で遊べないことにショックを受け、すぐさま母親に確認した。

「お母さん、いつになったら公園で遊んでいいの？」

すると母親はちょっと困った顔をしながら答えた。

「そうだなぁ、お母さんがいいって言うまで遊んだらダメだね」

二人とも聞き分けが良い子供だったらしく、そう言われてわかったとうなずいた。

それから数日後、農試公園とは別の公園で遊ぶようになったが、一週間もしないうちに母親から「変なオジさん、捕まったから農試公園で遊んでいいよ」と許可が出た。

梶さんはとても喜んで「明日、農試公園で遊ぼうね！」とお姉さんに駆け寄って、そう言った。

お姉さんも喜ぶと思っていたが、その予想に反して少し困ったような複雑な表情を浮かべると「うん、そうだね」と言ってうなずいた。

梶さん、お姉さんの様子に違和感はあったものの「遊ばない」と言われたわけではないので、深くは気にしなかったという。

次の日、学校から帰ってきたお姉さんと一緒に農試公園で遊んでいると、急にお姉さんが今までしたことのないような動きをした。

痙攣とまではいかないが、肩をすくめて首を横に振るような動き――。

「ビートたけしのような動きで。姉ちゃん、今までそんな動きは一度もしたことなんてないのに、突然始まったんですよ」

梶さん、その時はさほど気にしていなかったんですけど、この日からお姉さん、この肩をすくめて首を横に振るという動作を頻繁にするようになった。

そうなると梶さんよりも梶さんの両親が、突然やるようになったこの「癖」を気にするようになる。

「ちょっとユカリ、なんで最近あんた、ご飯食べてる時だとかテレビ見てる時だとか漫画読んでる時だとか関係なく、肩とか首をビクビク動かしたりするの?」

「わかんない。最近友達とかユウタ(梶さん)にも言われるけど、そんなことしてる?」

「してるよ。一日何回もしてる。ユカリ、体の調子悪いとかない?」

「なんともないよ。私、元気だよ?」

なんと、お姉さん自身にはそのような動きをしている意識はまったくなかったのだ。


それから数週間経ったある日のことだ。

家族みんなで晩ご飯を食べている時に、お姉さんが話し出した。

「今日学校でね、友達のチッチに『この前から思ってたんだけど、なんでユカリちゃんは肩の上に男の人を乗っけてるの?』って言われたんだけど、どういうことだと思う?」

母親の表情が固まる。

「え？　なにそれどういうこと？」

「わからないけど、今日のお昼休みにチッチから急に言われた」

するとと母親、何か心当たりがあったらしく、まだ食事の最中だったが立ち上がると、どこかに電話をかけ始めた。

電話が終わりテーブルに戻ってくると、お姉さんのことを見つめる。

「ユカリ、明日は土曜日で学校が休みだから、お母さんとちょっとお出かけしようね」

優しい笑顔でそう言うと母親は、それ以上その話には触れなかった。

そして次の日、朝早くから母親とお姉さんは家を出て行き、夕方過ぎに帰ってきた。

帰ってきたお姉さんに梶さんは「どこに行ってたの？」と聞いてみると「お寺に行ってきた」と答えた後、それ以上は何もしゃべってくれなかったそうだ。

「それからですよ。姉ちゃんのやっていた、首とか肩をくいっと動かす変な癖。あれをパタリとしなくなったんです」

話の全貌が見えなかった僕は梶さんに質問した。

「ごめんなさい。結局、これってどういう話なんですか？」

すると梶さん「まだ話は終わっていないんです」と言って続きを聞かせてくれた。

それから数年経ち、梶さんもお姉さんも高校生になってから、当時の話をする機会があった。

「あのさぁ姉ちゃん。昔、姉ちゃんがチッチから、肩に男の人が乗ってるよって言われた次の日に、母さんとどっかに出かけて――帰ってきたら、首とか肩を動かす変な癖が治ったことあったじゃん」

ソファーに横になった梶さんが、目の前にいるテレビを見ていたお姉さんの後頭部に向かって話しかける。

「ユウタがまだ幼稚園の時の話なのによく覚えてるね！」

振り返ったお姉さんは目を丸くして驚いていた。梶さんは勇気を出して聞いてみた。

「今までなんとなく聞いちゃダメなんだろうなって思って聞けなかったんだけど、あれって結局、なんだったの？」

「あー、あれかー」

お姉さんは一度下を向いて考え込むような仕草をする。そして、顔を上げるとちょっと緊張したような表情を浮かべていた。

「うん。今なら話せるかな」

そう言ってお姉さんは話し出した。


あの日、お姉さんはお母さんに連れられて、札幌市北区の篠路《しのろ》にいる霊媒師のところに行ったのだという。お母さんが以前にお世話になったことがあったらしい。

その霊媒師は四十代前半の女性で、痩せ型のすごく優しい印象の方だったそうだ。

お姉さんを見た霊媒師は、すぐに「お祓いしないとだめだね」と言った。そして、大きな仏壇のある部屋に案内され、その部屋の中心で正座をして目を瞑るように言われたお姉さんは、言われた通りに正座して目を瞑る。すると霊媒師さんがお経を唱えだし、体感で三十分ほどお経を唱えてもらったのだという。

お祓いが終わった後、母親が霊媒師にどういう状況だったのか、説明されているのをお姉さんも横で聞いていた。

霊媒師曰く、どこで拾ってきたかわからないけれども、高校生くらいの男の子がお姉さんに憑いていたという。お姉さんの肩の上に乗っていて、悪さをしているつもりはないにしても、何かしらの影響は出ていたかもしれない。仮に、出ていないにしても今後出るかもしれないから祓った、とのことだった。

「首とか肩を動かす妙な癖が出たのは、その男の子が私の肩の上に乗ってたからなんだって。だから、お祓いが終わってからはやらなくなったの」

約十年越しに、梶さんはあの頃のお姉さんの真相を知ることができた。

——と思ったのだが、お姉さんの話はこれで終わりではなかった。


「それでね、その高校生くらいの男の子をどこから連れてきたのか、私自身、少し心当たりがあったんだ。ほら、覚えてるかな？　私が首とか肩とか動かすようになったちょっと前に、お母さんから『農試公園に変なオジさんが出るから、いいって言うまで遊んだらダメ』って言われたの覚えてる？」

「うん。覚えてる」

「あれね、変なオジさんなんて出てなかったの」

「そうなの？」

「うん。本当はね、農試公園で高校生同士が喧嘩して、縁石に頭を打ちつけられて男の子が一人死んでるの。それで警察とかマスコミがたくさんいたから、ほとぼり冷めるまで遊ばせないようにしたんだよ」

梶さんはこの事件をまったく知らなかった。

「お母さん、私とユウタの二人が怖がらないようにって嘘をついてくれたんだけど、私は小学校で友達に『農試公園で人が殺された』って話を聞かされちゃってさぁ。家帰ってからお母さんに話したら『ユウタには内緒にしてね』って言われたから、しゃべらなかったの」

梶さん、この話を聞いて当時の記憶が一気に蘇ってきた。

お母さんから「変なオジさん、捕まったから農試公園で遊んでいいよ」と言われたあの日、「姉ちゃん、明日農試公園で遊ぼうね！」と伝えた時に浮かべた、お姉さんの少し困ったような複雑な表情と、絞り出すように言った「うん、そうだね」を。

「だから、あの時に姉ちゃんは素直に喜べなかったのか」

お姉さんはあの時のように少し困ったような表情を浮かべる。

「うん。人が殺されたのは知ってたけど、それが高校生の男の子だとは知らなかったから、チッチに『男の人が肩に乗ってる』って言われた時は意味わかんなかった。けれど、後日、殺されたのが男子高校生ってことを知って、全部が繋がった時、本当に怖かったよ」

この公園は、春はお花見に、秋には鮭の遡上《そじょう》も見られることから、今でもたくさんの人が集まっている。

平和の滝

僕が働いている怪談ライブバー・スリラーナイトすすきの店の常連、四十代男性、酒井さんから聞かせていただいた話。

酒井さんが高校生の頃、札幌市西区平和にある札幌では有名な心霊スポット「平和の滝」に友達四人と行くことになった。

酒井さんたちからすれば「心霊スポット」と言うよりは「パワースポット」として訪れるような場所だった。

滝も綺麗で自然も豊か。もともと平和の滝は日蓮宗の修行場として使われていた滝であり、龍神がいると信じられていた場所だ。

その時は何かパワーを授かろうとしたわけではなく、夏休みをもてあました高校生特有の「やることがないからなんとなく行く」というノリだったのだ。

でも、普通に行っても面白くない。そこで酒井さんたちは暗いうちに出発して、平和の滝で日の出を見ることにした。


八月の北海道は四時三十分には日が昇り始めるため、少しだけ空が明るくなり始める三時三十分に、酒井さんの家の前に集合して出発した。

四人とも眠たい目をこすりながら自転車を漕ぐ。途中のコンビニでジュースを買うと、再び平和の滝へ向かって自転車を漕ぎ続ける。

目的地に近づくにつれて目が覚めてきて、平和の滝まで残り三キロを切った時には眠気など吹き飛んでいた。

ゆるい登り坂を立ち漕ぎして進む。平和の滝に向かう一本道に入ると、左右には林が広がっており、森の香りが体全身を包み込む。

「めちゃくちゃ気持ちいいなー」

まだ薄暗い山道を数分自転車で行くと、平和の滝の駐車場に到着した。

時計を見ると四時ジャスト。日の出までまだ時間があった酒井さんたちは駐車場にある公衆トイレで用を足し、残ったジュースを飲み干す。

「ちょっと滝見て時間潰すか」

駐車場から滝へと降りていく階段へ向かう。

四人で降りて行くと、滝壺へ滝が落ちていく音や、風で揺れる葉の音、鳥のさえずりが聞こえてくる。

「やっぱり平和の滝って気持ちいい場所だよな」

自然を全身で感じながら階段を下りきると目の前に平和の滝が現れた。何度も見ているので特に感動はないが、水の流れが速いため迫力がある。

滝を眺めながらぼんやりしていると、いつの間にか四時十五分を過ぎていた。

「ヤバい！　ここにいたら日の出が見えないから急いで階段を上がるぞ！」

気が付けば、かなり辺りは明るくなっていた。すでに日が出てしまっている可能性もある。

四人で階段を駆け上がり駐車場に戻ると、すでに東の空には太陽が昇っていた。

「うわー、完全に朝じゃん。早起きしてきたのに最悪だよ」

「酒井が滝見ようとか言わなければ日の出、見れただろ！」

「大きい声出すなよ。別にまた来ればいいじゃんか」

酒井さんを含めた三人で喋っている中、ヨシキという友達が「あれ、なんだ？」と駐車場の向かいの林を指さす。

その先を見てみると、前方二十メートルほど先の林の向こう側から、ゆっくりと太陽が昇っていくのが見えた。

「え？　太陽が二つ？」

酒井さんがつぶやいた。


その瞬間、世界から音が消えた。

あれだけ大きく聞こえていた滝の音も、風で揺れる木や葉の音も、鳥のさえずりなども、その一切が聞こえない。

聞こえるのは自分たちの呼吸音のみ。

目の前では太陽と同じくらい強い光を放つ、謎の発光体が浮かんでいる。

突然の出来事に言葉を発することを忘れ、ただただそれを見つめていると、その発光体の中から体長三メートルはくだらない、今まで見たことのないくらい大きな鹿が現れた。

しかし、それはただの鹿ではなかった。

体や角は鹿のそれなのだが、顔が人間だった。

年齢でいえば八十歳は超えていそうな、お爺さんの顔が鹿についている。

その姿を捉えた時、酒井さんは何故かわからないが「全員この場で死ぬ」と感じたそうだ。

誰一人、声も出さずその場から動かない。

周りを見る余裕はなかったが、四人全員が目の前にいる謎の生物から目を離せないでいることがわかる。

人の顔を持つ鹿は自分の足元に生えている草を一口、二口かじると、ゆっくりと顔を上げた。酒井さんたちの顔を一人ずつ見つめる。そして、ちょっと首を傾げると踵を返して光の中に歩いて行き、その光とともに姿を消した。

「なにあれ……」

ヨシキの声が聞こえるのと同時に、一気に世界に音が戻ってきた。

滝の音、木の音、風の音、鳥のさえずりがうるさいくらい耳に押し寄せる。

「わかんないけど、たぶんあれがこの山の神様なんじゃないかな……」

酒井さんには妙な確信があったという。


この話を聞かせてもらった時に僕は質問をした。

「イメージ的に『もののけ姫』に出てくるシシガミ様みたいな感じですかね？」

すると酒井さん、目を見開いて手を打った。

「そうなんだよ！　まさにそんな感じだね。当時まだ『もののけ姫』は上映されていなかったんだけど、数年後に映画館で『もののけ姫』のシシガミ様を見た時には、あまりにも姿形が似ていて震えたよ」

札幌Ｄ高等学校

三十代後半の男性。青木さんから聞かせていただいた話。

青木さんは札幌市豊平区生まれで、父親が社会人サッカーチームに所属しており、その影響で青木さんは幼稚園の頃から父親からサッカーを習っていた。

父親の教え方が上手かったこともあり、青木さんはメキメキと上達し、それと同時にサッカーの楽しさにのめり込んでいったという。

小学校に入ってからも父親に教えてもらいながら、地元のサッカー少年団に入って同世代の仲間たちと切磋琢磨《せっさたくま》を続け、小学校六年生になった時には少年団のキャプテンを務めていた。

中学生になってからも、もちろんサッカー部に入部し、そのためだけに学校に行っていると言っても過言ではないほどサッカーに打ち込んだ。

そして、あっという間に中学三年生になり、受験シーズン。青木さんはサッカーが強い高校に進学したいと親や先生に相談すると担任から「D高校からサッカー推薦がきている」と教えられた。

D高校は、札幌の高校の中でもサッカー部が強いことで有名で、プロサッカー選手を輩出している強豪校だ。

悩む必要なんて一つもない。青木さんはD高校に入学を決めた。

しかし、高校に入学して部活動が始まると、先輩はもちろんだが同い年のレベルの高さに驚いた。

青木さんは小中学校と自分が所属しているサッカーチームの中では周りから頭一つ二つ抜けてうまいと言われていたし、自分でもその自負があった。

だが、やはりサッカーの強豪校。自分と同じくらいの技術を持った人たちが当たり前にいて、むしろ自分より上手い人が多い。

今までサッカーの練習をサボったことも手を抜いたつもりもなかったが、今以上に練習をしなければレギュラーにはなれないことを悟った。

毎日部活動以外にも個人練習をしていると、自分と同じように個人練習をしている一年生がいて、目標は同じくレギュラーになること。大地という名前の彼とはライバルではあるが自然と仲良くなり、気が付けば一緒に練習をするようになっていた。

顧問の先生も一生懸命な一年生たちを見ていたのだろう。部活終わりに青木さんたちを集めると、

「お前たちは部活が終わって下校時間が過ぎても、俺が校内にいる間は廊下で筋トレとかランニングしていてもいいぞ。体育館とトレーニングルームは使わせてあげられないけれどな」

と特別に許可をもらえた。そうした努力が実を結び、青木さんは高校二年生になった時には三年生を押しのけてレギュラーに選ばれた。しかも喜ばしいことに、一年生の頃から一緒に練習していた大地さんも同じくレギュラーに選ばれた。

二人とも涙を流して喜んだという。

二年生になり、レギュラーに選ばれてからも、青木さんは個人練習を止めることはなかった。ある日、いつも通り個人練習を終えて、大地さんや後輩たちと帰る時に、後輩

から変な話を聞かされた。

「青木先輩、この高校って幽霊がたくさん出るって話、知ってます？」

基本的にサッカーバカの青木さんは、サッカー以外の情報をまったく知らないため寝耳に水だった。

「全然知らなかった。そうなの？」

そう言う青木さんに、後輩は嬉しかったのか早口で話し続ける。

「そうなんですよ。俺は見たことないんですけど、見ている生徒がかなりたくさんいるらしくて、噂ではこの学校って昔は病院だったらしいですよ」

言われてみれば変わった形の学校だなとは入学当初から思っていた。

元病院と言われて学校の中を思い出してみると、確かに病院のような構造をしている気がしてくる。

「なぁ、ちなみにどんな幽霊が出るんだ？」

好奇心が湧いて聞いてみると、後輩はニヤリと口角を上げて答えた。

「日本兵の目撃情報が一番多いみたいです」

青木さん、後輩の答えを聞いて瞬間的に想像してしまった。部活終わりの個人練習で廊下を走っていると、その後ろを日本兵の幽霊が追いかけてくるところを。

鮮明に想像してしまい身震いしていると、

「幽霊なんていないだろ」

突然、大地さんが話に割り込んできた。

「あのさ、俺たちもう高校生なんだよ？　何をバカなことを言ってるの？　幽霊とかいるわけないじゃんか」

大地さんは青木さんや後輩を小馬鹿にしたように鼻で笑った。

「大地って幽霊とか信じないの？」

青木さんはビビってしまったことを悟られないように大地さんに話しかける。

「そうだね。子供の頃に親から『悪いことしたら幽霊出るよ』って脅され続けてめちゃくちゃ怖かったんだけど、結局一回も見たことないし。感じたこともないから、いつの間にか信じなくなってた」

後輩たちは話の腰を折られたとでも思ったのか「んじゃ、俺たちはここ曲がってコンビニ寄ってから帰るんで」と、みんないなくなってしまった。

二人きりになった青木さんは、大地さんに興味本位で聞いてみた。

「もし、いつか幽霊見たらどうする？」

「ぶん殴るっ‼」

大地さんはボクシングのような動きをしながら笑った。


そんな会話をしてから数か月後。二月の出来事だ。

二月と言えば北海道は冬本番。グラウンドには一メートル以上雪が積もり、雪原に変貌してしまう。もちろん外でサッカーはできない。

体育館で練習するにも他の部活の兼ね合いもあるため、どうしても練習時間が減ってしまう。

そうなると、やる気に満ち溢れている青木さんは個人練習の時間を増やすのだ。

冬で日が暮れるのも早いため下校時間は夏よりも早く、部活が終わる頃には校内に生徒はほとんど残っていない。

青木さんたちは、顧問の先生から特別に下校時間を過ぎても練習してもいいと許可が下りているため、生徒がほとんど残っていない廊下をランニングして体力づくりをしていた。

その日も部活が終わった後、後輩数人と大地さんと学校に残り練習をしようとすると、顧問の先生が「今日は俺、娘の誕生日で早く帰らないとダメだから、下校時間過ぎてから練習するのなしだからな。荷物まとめてすぐに帰れよ」と言って、職員室に戻っていった。

「今日は練習できないなー」

青木さん、仕方なく荷物をまとめていると、数人の後輩と大地さんが集まって小声で何かを話している。

「お前たちも喋っていないで早く荷物まとめろよー。練習できないからさっさと帰ろうよ」

みんなに荷物をまとめて帰るように促す。すると、大地さんが手招きをしてきた。

「どうした？」

「あのさ、先生すぐ帰るって言ってたろ？」

「娘の誕生日があるから帰るって言ってたな」

「なら、先生帰ってから勝手に練習しちゃおうよ」

「ダメだろ。怒られるって」

「大丈夫だって。マジメに練習してるわけだし、ちょっとだけやって、いつもよりは早く帰ろうや」

青木さんとしても個人練習をしたかったが、先生に怒られたくはない。

「わかった。なら、人数多かったらすぐにバレちゃうから今日は後輩たちには帰ってもらって、俺と大地の二人だけで校舎内をランニングだけして帰るか」

青木さんは後輩たちには個人練習はなしで帰るように促し、ゆっくりと時間を使って部活で使用した道具を片付けると、顧問の先生が職員玄関に歩いていくのを見届けてからランニングを始めた。

二人のランニングコースは決まっていて、一階の直線の廊下を往復したら二階に上がり往復する、というように上がっていき、今度は往復しながら一階まで戻ってくる。それを繰り返すのだ。

これは青木さんと大地さんにとって、部活終わりのクールダウンのようなものでいつも会話をしながら走っている。

この時も二人で「今後は自分たちが部活を引っ張っていこう」と、熱い会話をしながら上まで行って一階に戻ってきていた。

「もう一往復するか。そうしたら今日はすぐに帰らないとな」

青木さんが大地さんに話しかけている最中、フッ……と突然廊下の照明が消えた。

「うわっ！」

突然の出来事に思わず二人とも立ち止まる。

「俺たちがいないと思って、残ってる先生が電気消したのかな？」

すぐに落ち着きを取り戻した青木さんがあたりを見渡す。

毎日のように走っている見慣れた廊下。だが、暗くなった廊下はいつもと違い、冷たく圧迫感があり、目が暗闇に慣れていないせいか突き当たりが見えず、まるで別の世界に迷い込んでしまったような錯覚を覚える。

「もう帰ろうぜ」

何故かこの場にいるのがとても怖く感じ、青木さんが大地さんに声をかけて走り出すと「ビビってんなよ」と言いながら大地さんが並走する。

大地さんと二人、暗くなってしまった一階の廊下を、鞄を置いたままにしている玄関に向かって走っていると、二十メートルほど先に人影が見える。

青木さんは一瞬、後輩かと思ったが後輩にしては体が大きい。

(なら、見回りの先生か?)

「大地、あそこ誰か立ってるよな」

小声で話しかける。

「うん、電気を消した先生か?」

少し走るスピードを落とし、その人影に近づいていくと、徐々に姿がはっきり見えてきた。

それは軍服を着た日本兵だった。

「え⁉」

青木さんが立ち止まると、大地さんも止まった。

日本兵は、ちょうど自分たちのカバンを置いた場所から数メートル手前に立っている。外から入る薄ぼんやりした明かりの中だが、その姿は見間違えではなく、教科書で見たことのある日本兵そのものだった。

そして、それが人間じゃないこともすぐにわかった。

気をつけをしている状態でこちらを向いているのだが、地面から体が十センチほども浮いており、しかも若干透けていて体越しに廊下の向こうがうっすら見えるのだ。

数か月前、後輩が言っていたが、ついに見てしまった。

青木さんはどうしていいかわからず、その場で固まっていると、隣にいた大地さんはどんどんとその日本兵に近づいていく。

「ちょ、ダメだ。逃げろって」

青木さん、恐怖で自分の声が震えていることに気がついた。

「言っただろ。ぶん殴るんだよ」

大地さんは止まらなかった。そして、日本兵の前に立つと、目の前にいる日本兵に向かって拳を振り上げた。

次の瞬間、日本兵が凄いスピードで大地さんの体をすり抜けると、青木さんの方に向かってくる。向かってくる日本兵の顔には表情がない、感情を読み取ることができない！

（逃げなきゃ）と思ったが、体が動かない。金縛りに遭っているわけではなく、恐怖で足がすくんで動けないのだ。

「うわぁっ!!」

咄嗟に顔を両手で隠す。

だ……に……て……ざい……。


何か声が聞こえる。

恐る恐る両手を下げると、日本兵の姿はどこにもなかった。


……い……ん……いこ……い……。


だが、声は聞こえ続ける。

青木さん、あたりを見回して、改めて日本兵がいないことを確認して、大地さんの姿を探した。すると、日本兵に向かって拳を振り上げた場所で、大地さんは両手をダランと下げた状態で俯いて立ち尽くしている。

「おい大地、大丈夫か？」

声をかけながら恐る恐る近づいていくと、俯いたまま大地さんが何かを喋っていることに気が付いた。

「喋るならこっち向いて喋れよ」

大地さんの前に回り込み、その顔を覗き込むと――。

「だいにっぽんていこくばんざい、大日本ていこくばんざい、大日本帝国ばんざい、大日本帝国万歳、大日本帝国万歳……」

そう、声の正体は大地さんだったのだ。

「おい！　大丈夫か！　おいっ‼」

どれだけ声をかけても、大地さんは焦点の合わない目で「大日本帝国万歳」と言い続けている。

「職員室に、誰か先生がいると思うから、ちょっと待ってろよ！」

青木さんは職員室に駆け込み、残っていた先生に事情を説明すると、先生はすぐに救急車を呼んだ。大地さんは病院に運ばれたが、それ以来、青木さんは一度も大地さんに会えないままだという。

風の噂で大地さんは精神を患い、病院から出ることができなくなったと聞いた。

この経験から青木さんは、長年学校に勤めている先生や用務員さんに話を聞いたところ、この学校が創立される以前は、数か月前に後輩が言っていた通り病院だったことがわかった。

しかも、第二次世界大戦中の陸軍病院（札幌衛戍病院）であり、その建物をそのまま使っていることを教えられた。

札幌D高等学校は二〇一五年には新校舎への建て替えが完了し、現在校舎は本館（新校舎）と記念館（旧校舎）で構成されている。

事故物件スタジオ　Nマンション

僕が働いている怪談ライブバー・スリラーナイトにはYouTubeのチャンネル（スリラーナイトチャンネル）があり、その収録や配信のために、とある事故物件を借りている。

その事故物件は札幌で一番、人が死んでいると言われているマンションであり、そのマンション一階の角部屋をスリラーナイトで借りている。

借りている部屋で人が亡くなった過去があるかどうかはわからないが、マンションのエントランスではヤクザ同士がドスで斬りつけ合い、内臓を撒き散らして亡くなったという事件があった。「札幌で一番、人が死んでいる」と言われる所以であるのが、昔から飛び降り自殺が多いのである。しかも何故か、ほとんどがマンションの駐車場側に飛び降りるという、なかなか曰くのあるマンションだ。

一般的には借りる気にはならない物件かもしれないが、僕が働いているのは「怪談ライブバー」なのだ。むしろ動画配信を始めてスタジオを作ろうとなった際に、自ら率先して事故物件を探し、札幌一の事故物件マンションを借りることに成功したのである。

もちろん、そればかりではない。この物件は、建物自体は古いが部屋がフルリノベーションされていて気密性も高く、スタジオとして実に使い勝手がよかったのだ。

部屋の契約後は必要最低限の家具を取り揃え、スタジオとして機能させるための配置を考え、僕と店長と社長の三人で設置した。

終わった後は三人で、目で見えるゴミはすべて手で拾い床を雑巾で拭き掃除をして、ホコリ一つ残さずに掃除を終えた。

「少し休憩したら帰るかー」

社長はそう言うと、台所の換気扇を回してタバコを吸い始めた。

僕はスタジオが完成したことが嬉しくて、その余韻に浸りながらスマホでメールなどを確認し、店長もスマホを触っていた。

それから五分ほど経った頃だ。

「うわ、なんなのよコレ……」

社長の声が聞こえ、僕と店長で「どうしました？」と声をかけながら台所に目を向けた。

「ここ、さっき匠平が手で小さいゴミ全部かき集めて拭き掃除して、何も落ちてないのを確認したよな？」

「はい。しましたね」

僕と店長が答える。

「でも、これ爪だよな？」

僕と店長は台所に確認をしにいく。すると社長は床を見ていて、僕たちも社長の目線の先を見ると、何かが落ちているのが確認できた。

「爪――ですね」

店長がつぶやいた。

僕もそれを手に取り確認すると、紛れもなく爪だった。

「さっきまでなかったよな？」

そう、間違いなくさっきまでそんなものは床に落ちてなどはいなかったのだ。

「なかったです」

「なら、なんで急に爪が出てくるのよ」

「わかんないです」

僕としては怖さよりも「ガチの事故物件って本当にこんなことがあるんだ」という喜びの方が強く、内心ほくそ笑んでいると、店長があることに気がついた。

「これ、子供の爪ですかね？　すごく小さいです」

改めて見てみると確かに小さい。

僕自身、手が大きい方ではないのだが、僕の小指の爪と同じくらいか、少し小さい。

そして、さらにそれを見ていて僕は気がついてしまった。

「この爪、爪切りで切った爪じゃないですね」

そう、発見された爪はまるで齧って切ったように三日月型だったのだ。

「それ気持ち悪いから捨てておけ」

社長は怖がりのため、その爪を気味悪がり顔をしかめている。

しかし、僕と店長はそれを断った。

何故なら事故物件をスタジオにして今後YouTubeを動かすにあたって、こんなに好都合なことはないからだ。

「捨てるのはもったいないですって！　このスタジオを使った一発目の配信で、この爪が発見された経緯と一緒に爪の映像を流したらインパクトありますよ！」

店長も同じ考えだったらしく、

「ここに置いておきましょう」

と言って、台所のシンクの上に爪を置く。

社長は「お前たち凄いな……」と、少し引いていた。


ひと段落したところで荷物をまとめて帰ろうとした時だ。

「あれ……なんだろ……悲しい……」

店長の様子がおかしい。

「どうした？」

「いや、何故かわからないけど悲しいんです……」

店長の顔色が悪い。ここで霊感の強い人が一人でもいれば何か発展があったのかもしれないが、生憎、僕も社長も、そして店長自身にも霊感がないため、急いでこの場を離れることしかできなかった。

社長の車で店に送ってもらってからは店長も元に戻った。しかし、一体あれはなんだったのかわからないままだった。

それから数日後、事故物件スタジオで初めて生配信をすることになった。昨今のウィルス事情により、営業時間は短縮され、スリラーナイトではシフト制で「営業組」と「YouTube組」に分かれて仕事をするようになっていた。

僕は十八時過ぎから店でスタッフと動画配信の段取りの打ち合わせをしていた。すると、そこに店長が戻ってきた。午後に、先日運びきれなかったテーブルを業者に届けてもらうよう手配していて、その受け取りを店長がしてくれていたのだ。

「ちょっと匠平さん、またスタジオで変なものを見つけてしまいました」

店長がそう言い出した途端、詳細を聞いてもいないのに一瞬でテンションが上がった。

「どういうことっ?」

「今日の午後、一人で事故物件スタジオで業者を待っている間、棚の上にスリラーナイトで働いている怪談師たちのDVDを並べる作業をしていたんですよ。そしたら、その棚の上に何かあることに気が付いたんです」

さすが怪談ライブバーの店長、話の引き込み方がうまい。僕はまんまと乗せられた。

「なにがあったのさ？」

「髪の毛がありました」

「髪の毛？」

「はい、髪の毛です」

「自分の髪の毛じゃなくて？」

「とても長くて細い黒い髪の毛で、私のでも匠平さんのでも社長のでもないです」

「ちなみにその髪の毛は？」

「爪の横に一緒に置いておきました」

僕は店長のファインプレーに心が躍った。

爪に続いて発見された髪の毛をすぐにでも見たくて、僕はいち早く事故物件スタジオに移動すると、台所に爪と一緒に髪の毛が置いてあるのを発見した。

髪の毛は四十センチほどの長さがあり、猫の毛のように細かった。

これも配信の時に使おう。僕は心に決めていた。


数時間後、配信が始まった。

事故物件スタジオからの最初の配信は、僕とすすきの店の怪談師・藤田第六感《ふじただいろっかん》の二人でおこなった。

オープニングの挨拶を終え、事故物件をスタジオにしたことを発表し、今後のYouTubeでやりたいことなどを話した後、満を辞して「爪」を紹介する。

コメント欄は「爪」の登場に盛り上がり、煽りに煽った後、ついに「本日、新たに発見された髪の毛」を紹介し始めたところだった。

「すみません。髪の毛を画角に入れた瞬間からYouTubeとニコニコ動画両方の配信が切れました」

撮影に協力してくれているディレクターが、首を傾げながら再度配信ができるようにパソコンを操作する。

何故配信が切れてしまったのか原因は不明だが、無事に復旧し配信が再開する。

気を取り直して髪の毛を渡すと、藤田第六感がそれをまじまじと見る。

「これ、人とか生き物とかじゃなくて、人形とかの髪の毛みたいだね」

言われて気が付いた。確かに手触りがナイロンで作ったような人工の毛なのだ。

なかったはずのものがどんどん出てくる謎の物件。それについて藤田第六感と深掘りしようとトークを展開させていくと、また配信が止まってしまいました。

「ごめんなさい。音声が何故か飛び飛びになっていますし、また配信が止まってしまいました」

ディレクターが申し訳なさそうに再開するための操作をする。

その後、復旧と配信停止を何度も繰り返し、最終的にはディレクターも一度も見たことがないという、画面に大きく「？」が表示されるバグが発生し、パソコンが異音を立てながらシャットダウンしてしまい、強制的に配信は終了してしまった。

ここはとんでもない場所なのかもしれない。

僕は、配信は上手くいかなかったが今後の展開に期待し、爪と髪の毛を無くさないようにジップロックに保管することにした。

その数日後――。

僕と店長しか出入りしない事故物件スタジオから、ジップロックに入れて保管していた爪と髪の毛が袋ごと紛失してしまい、いまだに見つかっていない。

その事故物件をスタジオにしてから今（２０２１年６月）でも収録や配信は行われており、現在も謎の現象が相次いでいる。

すすきの花魁道中

数年前の話だ。

スリラーナイトに来店された新規の男性のお客様が（名前は聞いていないので仮にOさんとする）ホールスタッフと楽しそうにお話ししているのを僕は見ていた。

その時、週末の割には店内が混み合っていなかったため、僕は何気なくスタッフとOさんの会話を聞いていると、どうやらOさんは旅行で札幌すすきのに来られたそうで、〝人生初北海道〟ということがわかった。

「北海道って本当に何を食べても美味しいし。明日帰るんだけど、絶対にまた北海道に旅行しに来ようと思ってるんだ」

Oさんはとても北海道を気に入ってくれたみたいで、地元大好きな僕としては嬉しい言葉だった。

そのままホール内に立ち続けて会話を聞いていることはできたが、店内の状況把握のためにホール内に立ちお客様やスタッフを見ていたのだ。だいたいの様子がわかれば長居する必要はない。

僕は問題を起こしそうなお客さんがいないことに安心して、楽屋に戻った。

時計を見ると、怪談ステージの時間まで残り二十分。タバコを吸いながらザックリとステージで話す怪談を考える。お客さんたちの年齢層や男女比率、新規とリピーターの割合等を思い出しながら口から煙を吐き出す。

タバコの半分が燃えた頃、スタッフが楽屋に入ってきた。

「匠平さん、四番卓に案内した新規の男性一名様が匠平さんに一杯ご馳走したいっておっしゃっているので、タバコ吸い終わってからで大丈夫ですから対応よろしくお願いします」

言い終えると、僕が返事をする間もなくスタッフは楽屋から出て行った。

ホールからは賑やかな声が聞こえてくる。どうやら団体様が来店されたようだ。

僕は残りのタバコを一口だけ吸い込むと火を消して、楽屋を出た。

四番卓には、先ほどスタッフと楽しそうに話していた四十代後半の男性が座っていた。

「いらっしゃいませ。この時間帯のステージを担当する匠平です」

Oさんはとても気さくな方で「待ってました！」と、笑顔で迎えてくれた。

「匠平さん、好きなお酒持ってきなよ！　もし、お酒が苦手ならソフトドリンクでもいいから好きなの飲んで！」

しかも、気遣いのできる紳士だ。

僕は厨房からビールを持ってきて、Oさんと乾杯した。

Oさんと北海道で食べて美味しかった物の話や、Oさんの地元の話をしていると、あっという間に怪談ライブの時間になってしまった。

「これから怪談ライブが始まりますから楽しんでいってくださいね」

僕はそれから十五分間、ステージに上がり怪談を披露した。そして怪談終了後、お客様の卓を回り、名刺を配っていく。

一通り挨拶が終わった後、僕はまたOさんの卓に戻り、いただいたビールの残りを飲みながらOさんと話す。

「いやー北海道って本当に素敵な場所ですね。ご飯も美味しいし、お酒も美味しいし、人も優しいし、もっと早く来ればよかったです」

その言葉に嬉しくなった僕は、Oさんの次の北海道旅行のためにオススメの店を紹介したり、札幌で開催されるビアガーデンなどのイベント情報を教えていると、

「今日もお祭りやってますもんね！」

Oさんがキラキラした目で僕を見る。しかし、僕の記憶上、この期間にお祭りやイベントはやっていないはずだった。

「あれ？　なんかやっていましたっけ？」

「え？　あれはお祭りの一環じゃないのかな？　今日ここに来る途中に花魁道中を見たんだよね」

札幌すすきのでは毎年八月に「すすきの祭り」というお祭りがあり、そのメインイベントでは花魁に扮した女性が花魁道中を行う。しかし今は六月。六月には「よさこい祭」と「北海道神宮例祭」があるが、それも終わったところで、特に催し物はやっていないはずだ。

「ちなみに、それってどこで見たんですか？」

「ここからすぐ近くだよ。ラーメン横丁から歩いてきたんだけど、近くの大きい道。路面店で肉まん屋さんとかあったね」

話を聞く限り、どうやらすすきのの中心で見たようだった。

「ちなみにその花魁道中ってどのくらいの規模でした？　何人くらいでやっていました？」

「かなりの人数いたと思うよ。花魁の隣に男性が一人いて、後ろにも着物を着た人たちが何人もいたんだよ。俺、しばらくその様子を見ていたからね」

当時、すすきので働き出して五年以上が経過していた僕は、Oさんがコスプレイヤーの集団を見てお祭りと勘違いしたのではと思っていた。しかし、Oさんの次の一言でその考えは変わった。

「だけど、すすきのの人たちは慣れているんだろうね。花魁道中しているのに誰一人として立ち止まらないし、振り向きもしなかったよ」

週末の、人がごった返す、すすきのの中心で行われている花魁道中に、誰一人として振り向かず立ち止まらないなんてことはありえない。

僕はOさんに「頭がおかしい人」って思われるのだろうなと思いつつも聞いてみた。

「それって、もしかしたらお客様にしか見えていなかったんじゃないんですか？」

Oさんは笑いながら僕を指さす。

「さすが！　怪談師！　怖がらせようとしてー」

「いやいや、マジな話です。花魁道中じゃないとしても着物を着た集団が歩いていたら、少なからず何かしらのリアクションを、街の人たちは取ると思うんですよ」

するとOさん、鞄からスマートフォンを取り出した。

「でも、動画も写真も撮ったんですよ！　今見せますからちょっと待ってくださいね……あれ？　どこいった？」

Oさんは携帯の画面を眉間にしわを寄せながら見つめている。

「どうしました？」

「いや、花魁道中の様子を撮影したんですけど、写真も動画も一枚も保存されていないんですよ。あれ？　そんなわけないいんだけど……」

その後どれだけアルバムを探しても、Oさんが撮ったという花魁道中の写真や動画は発見されなかった。

「絶対に見たんだけどなー」

Oさんは帰る間際までずっとスマートフォンのアルバムから花魁道中の写真や動画を探し続け、一つもデータが出てこないことに納得できないようで、間の抜けたようななんとも言えない表情で帰っていった。

ちなみにだが、Oさんが花魁道中を見たと言っていた場所は、明治四年に政府が公認した「薄野遊郭」が設けられた場所の中心である。

豊平峡ダム

三十代女性、メイさんから聞かせていただいた話。

これからするのは、全然気持ちのいい話ではないんですけど聞いてください。中学校を卒業した後に担任の先生と仲の良い友達十人ぐらいでゴールデンウィークに卒業旅行をすることになったんです。

その旅行先というのが札幌市南区にある豊平峡《ほうへいきょう》ダムの近くにあるキャンプ場だったんですよ。

このキャンプ場にはコテージが何棟か建っていて、私たちはコテージを三棟借りたんです。

現地に着いて宿泊するコテージを確認すると、二棟は向かい合っていて、もう一棟は道路を挟んだ向かい側、山の方にあったんです。

それぞれが二階建ての立派なコテージで、中を確認したら４ＬＤＫでロフトのある、とても広くて、木の香りがするスゴい綺麗なものだったんです。

私たちコテージに泊まるの初めてですし、近場ではありますけど、卒業旅行って響きだけで全部が楽しく感じられて、お昼からみんなでバーベキューをしたり、鬼ごっこをしたり、遊びまわっていたんですよ。

それで夕方ぐらいになった時にみんなで豊平峡ダムの方に行こうっていう話になってダムの方を探索に行ったんです。

私、その時に初めて豊平峡ダムに行ったんですけど、豊平峡ダムって奥の方に行くと、ダムが山に差し込んでいるじゃないですか。

そのダムが山に差し込んでいるところにもの凄いサビついた鉄の扉があって、チェーンで扉が開かなくなっていて、多分中にはバルブとかがあるようなものだと思うんですけど、そこがめちゃくちゃ気持ち悪くて、みんなが楽しそうにしている中、私どうしてもその扉が怖くて、早くその場から離れたかったんです。

多分そこには五分から十分ぐらい居たと思うんですけど、見るものがたくさんあるわけではないですから、みんなすぐに飽きてコテージに戻ったんです。

戻ってきたら日が暮れてきていて、暗くなっちゃう前にみんなで晩御飯のためにカレーライスを作って食べて、辺りが真っ暗になってからは花火もしたんです。

それで花火が終わった後は、一つのコテージに全員で集まっておしゃべりをしていたんですね。

一通り話が盛り上がって一段落した時に先生が「卒業祝いじゃないけど、これから先生がみんなのために怖い話をしようか」と提案してきたんです。

担任の先生、昔から霊感が強い方だったみたいで、授業中とかでもたまに怖い話をしてくれていたんですよ。

だけど、中には怖い話が苦手な子もいるじゃないですか。ですから先生「怖い話を聞きたい人は道路挟んだ向かいの山側のコテージに移動しよう」と言って、先にコテージから出ていったんです。

私を含めて四人、怪談が好きだったものですから、先生の後について山側のコテージに入っていきました。

中に入ってからは二階のロフトに上がって、そこで先生が怪談をしてくれたんです。雰囲気を出すために真っ暗にして、先生の手元に懐中電灯が一本、その懐中電灯の明かりのみで怪談が始まったんです。

最初は小噺みたいなものから始まって、先生の実体験を聞かせてくれて、かなり怖い空気になった時に先生が、

「それじゃあ次で最後の話になるんだけど、まず初めにみんな高校生になって行動範囲も広がると思うんだけど、心霊スポットだけには絶対に行くなよっていうのを踏まえた上で聞いて欲しいんだ」

そう言って、聞かしてくれたんです。


先生が大学生の時の話だ。

先生にはモトキという名の弟がいて、その弟は先生よりもさらに霊感が強かった。兄弟仲もとてもよく、お互いの共通の友達もいて、一緒に遊ぶことも多かった。

その時も二人の共通の友達が「夏休みだし、女の子何人か連れて心霊スポット巡りしたいんだよ」と、前々から先生に話していたらしく、その心霊スポット巡りに弟のことも誘うと弟もついてきてくれるという。

「でも、本当に危険な心霊スポットには行きたくない」と言う友達からの要望もあり、事前に先生よりもさらに霊感の強い弟と企画者のリョウヤの二人で、明るい時間帯に候補になっている心霊スポットを回って、弟が安全だと判断した場所に連れていくことになった。

下見当日、リョウヤの車で出発し、最初についた場所というのが豊平峡ダムだった。車でダムに近づけるだけ近づいて降りる。車から降りてすぐ、山に差し掛かっているダムの端のところにあるサビついた鉄の扉が見えてきた。

「あの扉の前にお札とか置いて、それを取りに行かしたら面白いんじゃないかなぁ」

リョウヤが楽しそうに一人で鉄の扉に向かって歩いていく。

「あ、モトキ霊感あるんだから、もしヤバいの見えたりしたら言ってくれな」

リョウヤは一度弟の方を振り返り、再び正面に向き直り、鉄の扉に向かって歩き出した。

鉄の扉まで残りだいたい十五メートルを切った時だ。

「止まれっ!!」

モトキが突然怒鳴った。

「ビックリしたー。ビビらせるなよ」

しかし、リョウヤは弟の制止を聞かずに先に進もうとする。

「マジでダメだって！　戻れよ！　ヤバいんだって！」

弟の顔は青ざめており、その顔を見てやっと本気で焦っていることに気がついた。

弟は鉄の扉の方から視線を逸らさずに「やばいからやばいからやばいからやばいから早く！　早く戻って来い！　早く！」と早口でまくし立てる。

弟の本気が伝わったのかリョウヤは踵を返し、弟の前まで戻った。

すると弟はリョウヤの腕を掴み早歩きで車に戻っていく。

リョウヤは抵抗することなく車に乗り込みエンジンを掛けた。

「モトキ、なんだよ。なにがあった？」

弟が興奮しているように見えたため、刺激しないように優しく声をかけた。

「そんなん説明する暇ない！　いいから早く車出せ！　バックのままでいいから早く出

せ！　俺がいいって言うまで走らせ続けろ！」

顔にあぶら汗を浮かばせ、目を血走らせながら弟が叫ぶ。

その剣幕に圧倒されたリョウヤはバックで車を走らせ、少し大きな道に出た後に車を切り返そうとすると「このままバックで走れ！」と言われ、バックのまま山道を走った。そして豊平峡ダムの敷地から出ると、そこから車を切り返し、ふもとのコンビニまで走らせた。

そこまで車を走らせてやっと弟から「もう大丈夫」と言われて、コンビニの駐車場に車を停める。

二人でコンビニに入り、飲み物を買って車中に戻ると弟が話し出した。

「やっと落ち着いてきたから話せるわ」

豊平峡ダムでリョウヤが一人で鉄の扉に向かって歩き出した時、鉄の扉の前に弟には白いモヤのようなものが見えていた。

何かいるなと思いつつ気にしてそのモヤを見ていると、リョウヤが鉄の扉に近づくにつれてその白いモヤがどんどんどんどん人の形に変化していき、鉄の扉まで十五メートルを切った時に髪の長い女の姿になったのだ。

（あれは絶対に関わったらダメな奴だ）

理由はないが直感でわかった。

女に悟られないように女を観察する。女の顔まではっきり見えるのだが、その顔に表情はない。そして、無表情のままリョウヤのことをじっと見つめて手招きを始めた。

（あ、リョウヤ、あの女に目をつけられた……）

そう思って「止まれっ！」と怒鳴った次の瞬間。

ぐりんっと女が首を90度傾げさせ、弟の方を見た。手招きしていた腕はパタンっと力なく下におろし、無表情だったその顔は悪鬼の如く怒りに満ちていた。

（急いで逃げないとっ！）

「マジでダメだって！　戻れよ！　ヤバいんだって！」と叫び、その声に反応したリョウヤが戻ってくるその背後。

いつの間にか女がピタッとリョウヤの後ろについてきている。

（どうにか離れさせないときっとリョウヤは殺される）

リョウヤと女を引き剥がすため、弟はリョウヤの腕を掴んで心の中でお経を唱えながら早歩きで車に戻る。

お経の効果なのか、女がリョウヤの背中から離れ、その場から動かなくなった。その隙に車に乗り込みエンジンを掛けたと同時に、

バンッ！

女が一瞬でフロントに張り付いてリョウヤの顔をじっと見つめる。

（振り切らないと事故らされる）

リョウヤには見えないと思うが念のため、フロントに張り付いている女が視界に入らないバックの状態で車を走らせ、豊平峡ダムの敷地から出るとフロントから女が離れた。

だが、女は一定の距離を保った状態でまだついてくる。

（また追いつかれるのか……）と、心が折れかけている時にリョウヤが車を切り返しスピードを上げ、女は山からは出ることができないのか山のふもとまで出たら女の姿は完全に見えなくなった。

「だけどリョウヤ、あの女に目をつけられてるから、もう絶対にあの場所に近づくなよ。ちなみに俺も、ほとぼり冷めるまで絶対にあの場所には行かない。最低でも一年はあの場所に行ってはいけないよ」

そう伝えてその日は解散した。

それから数週間後、夏休みが明けて先生が大学でゼミを受けていると、同じゼミのリョウヤの姿がないことに気がついた。

「教授、リョウヤは休みですか？」

教授は不意を突かれたかのように、一瞬表情を硬くすると震える声で話し出した。

「みんなに伝えなきゃと思っていたんだけど、リョウヤ君は亡くなったよ」

「え？」

予想だにしない返事だった。

「夏休み中に、リョウヤ君が運転する車でうちの生徒四人を乗せてドライブに出掛けて、豊平峡ダムの近くの国道で事故を起こして全員亡くなったんだ」

この話を聞いた先生は、どうして友達が亡くなってしまったのか詳細を知りたかった。そこでリョウヤと仲が良い人たちに話を聞いたところ、リョウヤは弟の忠告を無視して、男友達一人と女の子を三人誘って夜に豊平峡ダムに行き、その帰りに事故を起こして亡くなったことがわかったそうだ。

そんな話を先生から聞かされたんです。

そう、今まさに自分たちがいる豊平峡ダムの話だったんですよ。

「だから、いいですか？　面白半分で心霊スポットなんかには行ったらダメですよ」

そう先生が言った直後、
ドンッドンッドンッドンッドンッ
コテージの扉が激しく鳴り出したんです。

私たちが悲鳴を上げる中、先生が「はーいっ」と返事をすると、

「ギャーーーー!!」

コン、コン
次は優しく扉をノックする音が聞こえて、ゆっくりと扉が開くんですよ。

私たち、先生にしがみついて扉の方を見ていたら、友達が入ってきて「ビックリしたでしょー」って笑うんです。

本当に怖かったから、友達だとわかった途端に一気に肩の力が抜けて「ビックリしたよー」って言っていたら「怖い話なんてしみったれた話はやめて、今向こうのコテージでUNOやってるからみんなでやろうよ」と誘われて、先生の怪談会はお開きになった

んです。

その後、先生も含めてみんなでUNOをしながら、さっき怪談会やってる時のドッキリが最悪だったたって話になったんですね。

私も驚かされたことが悔しかったし恥ずかしかったから、強がって言ったんです。

「怖い話してる最中に、あんなに勢いよく扉をどんどんどんどん何回も叩かれたらビックリするに決まってるじゃん」

そうしたら、扉を叩いた友達がキョトンとして、

「勢いよくなんて叩いてないよ。コンコンって二回ノックしただけだよ」

それを言った瞬間、怪談を聞かせてもらっていた私たちが一斉に先生の方を見ると――

――先生は真剣な表情で言ったんです。

「怪談を聞いていたみんなには、先生がお守りがわりに持っている塩をあげます。そして、最低でも一年はこの場所に来ないでください――」

階段で遊ぶ子

従兄弟の嫁さん。真奈さんから聞かせていただいた話だ。この話は真奈さん自身から聞いたという体で読んでいただきたい。

私の前の実家って豊平区月寒《つきさむ》にあったんだけど、ちょっと変わった形をした一軒家だったんだ。

玄関入って正面に二階に上がる階段があって、玄関入って右手突き当たりにも階段があって、家の中が迷路みたいな本当に変な作りだったんだよね。

で、ものすごいたくさん幽霊が出る家だったんだ。

それであれは私が高校生くらいの時なんだけど、右手奥の階段の上がった先にある二階の部屋は誰も使っていない状態だったんだけど、ある日を境に、そこの階段を上ったり下りたりを繰り返して遊んでいる、赤い着物を着たおかっぱの五歳児ほどの女の子がいつもいたんだよね。

しかもその子、いつも階段を上り下りするっていう遊びしかしていないのに、いっつもホントに楽しそうに遊んでるの。

これがもし、泣いてるとか、悲しい顔してるとか、怒ってるとかだったら違ってくるんだけど、楽しそうに笑って遊んでるから気にしないでほっといてたの。

だけど、その子を三日連続ぐらい続けて見た時に、母ちゃんに訊いてみたんだよね。

「いやー、あのさぁ、赤い着物を着た五歳児くらいのおかっぱ頭の女の子が階段上ったり下りたりしてるんだよねー。でもさぁ、なんの害もないからとりあえず放置してるんだけど――」

って言ったら、母ちゃんが言うのさ。

「それ、お兄ちゃんもまったく同じこと、昨日言ってた」

その話してる時ちょうど、その場にお兄ちゃんもいて、母ちゃんが「あんたたち二人、今から仏壇行って手を合わせておいで！」って言うから、お兄ちゃんと二人で仏間に行って、目をつぶって仏壇に手を合わしたの。

そして目を開けたら、仏間に遺影が何枚かあるんだけど、その遺影の中に、階段で遊んでるあの赤い着物姿でおかっぱの五歳児くらいの女の子がいるのさ。

私、それ見て思い出したの。私が生まれるちょっと前の話なんだけど、従姉妹が五歳の時に脳腫瘍で入院してたんだけど、結局それで死んじゃってるの。

それで遺影は白黒写真で色はわからないんだけど、いつの間にか仏間に母ちゃんがいて「あの子が着ている着物、あんた見覚えないかい？」って言うから、まじまじ見てみたら、その着物、私が七五三の時に着て写真を撮った着物なの！

「あっ、そうだ！　私あの赤い着物着てたわ！」

そう思い出して、その後に階段一段一段にお菓子をお供えしたんだよね。

あぁ、そうだそうだ。それでその従姉妹をしょっちゅう視てたその年っていうのが、ちょうどその子の十三回忌だったの。

霊感デート

スリラーナイトの怪談師をしている影塚艶鴛《カゲツカエンジュ》から聞いた話。

怪談語りの雰囲気を楽しんでいただくためにも語り口そのままに読んでいただきたい。


今から四年ほど前、俺には多少の霊感があり、姿形までは見えなくても、霊のいる場所の特定と、相手に見られているかどうか、そしてこちらに敵意があるかどうかが、ほんのりわかる体質でした。

また、中途半端に能力が高いのに、除霊などの防衛手段が一切ないため、心霊スポットはおろか、その辺の道からも色々な霊を連れてきてしまう厄介な体質でした。

見える人曰く、君は霊にとっての高級ホテル、なのだそうで。

そんな状態のため、オカルト好きではあっても、心霊スポットにだけは行かないようにしていました。

ただ一度だけ、ちょっと変わった形で心霊スポットに足を運んだ経験があるので、その時のことをお話ししようと思います。

それは、その当時付き合っていた彼女と、札幌から余市方向に向かって、近場で小旅行に行くことになり、車で二時間ほどの所へ出かけた時の話です。

そこは観光地で、見るものも限られる小さな都市。目的も計画もなく、ただ、ぶらぶらと見て回っていたのですが、夕方を過ぎると次々にお店も閉まってしまい、本当に行くところがなくなってしまいました。無計画が仇となり、そこから適当に車を走らせること小一時間、そろそろ宿泊先でも探そうかと考え始めた頃、そこはかとなく気持ち悪さが身の回りに付き纏《まと》っていることに気付きました。それは霊がいるという状況です。

他の霊感持ちの方々はどう感じるのかはわかりませんが、俺の場合は、水の中に潜っているように空気が体に纏わり付くように感じ、視界が不明瞭に感じ、それはガラスを通してみるような、眼圧が上がっているような不快な感じになります。

もし霊がこちらに気付いている場合は、この状態に頭痛、眩暈、吐き気が加わりますが、今回はそれがありません。俺は彼女に言いました。

「なんか、この辺、えらく強いな。何かいるのか？」

これだけ言って話が通じる彼女もまた、霊感持ちなのです。彼女は俺より感覚が鋭いらしく、この程度は慣れっこになっているので、事もなげに言いました。

「何っていうか、土地が悪いんだろうね」

「土地がねぇ……」

こういった原因が不確かな気持ち悪さというのは、普段でも珍しいことではないのですが、その時は何故か気になってしまったのです。小旅行の興奮と、小一時間彷徨《さまよ》ったストレスのせいか――俺は彼女に提案しました。

「霊感を頼りにしてさ、強くなる方に向かってみない？」

「――じゃあ、そっちの方が強いね」

彼女も乗り気になったようで、指で行き先をさします。そのまま俺たちは、自分たちの霊感ナビに従って見知らぬ街を探索することになりました。

道路の真ん中に鎮座する大木や、小綺麗な神社など、見た目は普通なのに、近づくと酷い吐き気に襲われる場所は多々ありましたが、二人とも、それらが「一番強い場所」ではないことはわかっていました。

車をどんどんと進め、道は辛うじて舗装されているような小道になっていきました。やがて辿り着いたのは、○○海岸という古い看板の立っている林道で、車一台がギリギリ通れるくらいの道が幾重にも蛇行して海に向かって下っています。古い看板の奥にはプレハブ小屋のようなものがあり、林道の入り口を監視するようにひっそりと佇んでいました。

かつてないほどの気持ち悪さを堪えて林道を下っていくと、そこは寂《さび》れてはいるものの、海を臨む見晴らしの良い展望スペースとなっていました。しかし、そこに辿り着いた頃には、あれほどの気持ち悪さは感じなくなっていました。

俺たちは何やら釈然とはしないものの、林道の入り口にあったプレハブ小屋が最も気持ち悪い、という結論を出して、霊感ナビは終了したのです。

次の日、家に帰ってからなんの気なしにその土地の心霊スポットを検索したところ、小さな都市には似つかわしくないほど、たくさんの心霊スポットがあることがわかりました。俺たちが立ち寄った大木や神社は載っていなかったものの、トンネル、ホテル、寺など巷《ちまた》にありがちなラインナップは網羅されているという感じで、その中に、最後に行った○○海岸が載っていました。

俺たちは何も知らずに訪れましたが、どうやらその展望スペースは投身自殺の名所として広く知られた場所のようでした。彼女曰く、

「あのプレハブ小屋がなんなのかはわからないけど、あれに呼ばれちゃうんだろうね」


これには後日談があります。

小旅行から一か月ほど経って、心霊ナビで訪れた心霊スポットのことなど頭の片隅からも消えた頃、仕事中だった俺は強烈な眩暈《めまい》と吐き気に襲われました。それと同時に、脳裏にあのプレハブ小屋の映像が蘇ってきたのです。飲食店の厨房で立ち仕事をしていたのですが、しばらく動けないほどの衝撃でした。

それを、帰ってから彼女に報告しました。

「完全に忘れてたのに、いきなりガツンときたんだよ」

そう言う俺に彼女は言いました。

「縁ができちゃったからねぇ、呼ばれてるんだわ。考えないようにしたほうがいいよ」

自殺に駆り立てられる人間が、本当に自分の意志だけで自殺の名所に赴くのか――。

疑問を持たずにはいられない出来事でした。

迷子

僕のYouTubeチャンネル「匠平のやりたいことやるチャンネル」の撮影と編集を担当してくれている奏《そう》さんの体験談。

こちらは、奏さんから直接聞いたという体で読んでいただきたい。

俺が免許取り立ての時だから十八、十九歳頃の話なんだけどね。

なんでかわからないけど、免許取ってすぐの時って、心霊スポット行ったりとかするのハマったりするじゃない？

例にもれず俺も心霊スポットとかよく行ってたんだけど、そん時は俺を含めて友達四人で「行こう」って盛り上がったんだよ。で、友達の一人が「支笏湖《しこつこ》に向かう途中に水《すい》明《めい》共同墓地っていうのがあるらしい」って言い出して、場所もはっきりわかんないけど

「そこに行ってみよう」っていうことになったんだよ。

誰もその場所なんてわからないから、ネットで「水明共同墓地」を調べてみたら、過去に行こうとしたことがあるって人のウェブサイトが出てきたんだ。その人のブログには「大体の場所はわかるけども木や草が鬱蒼としていてたどり着くことができなかった」って書いてある。

それなら俺たちは行ってやろうって逆に火がついて、夜の十時くらいから車で出発したんだよ。


支笏湖に向かう峠の道あるでしょ？　山の中を走っていく道。そこを走りながら注意深くあたりを見回していると、山奥に入って行けそうな小道がちょこちょこっと通り沿いにあるんだわ。でもそんな中で、変な道を見つけたんだよ。

その道の入り口の所には「台風○号の影響で木が倒れてしまって、この先通行止め」という看板が立っている。その看板の後ろでは樹木がバタバタと倒れていて、その倒れている樹木のさらに向こう側は土が二メートルほどの高さに盛られていて、入り口が塞がれてるの。

だけどさ、その道の入り口付近以外で樹木が倒れてるのなんて俺たち見てないのよ。もし台風が原因なら、他のところでも樹木が倒れてないと変じゃんか。それが、その道の入り口のところだけだからね。

「怪しいなぁ」とかみんなで言いながら、ゆっくり車を動かしながらあたりを見渡してたら、進行方向二、三十メートル先にも看板があることに気が付いたんだ。

近づいて見てみたら「水明共同墓地」って書いてあるんだわ。

おー、見つけた！　って思ってさ、樹木がバタバタ倒れていた入り口前が少し開けていたから車を停めて、「水明共同墓地」の看板の方に歩いて行くと、その看板から三十メートルも離れていないところに別の小道を見つけたんだよね。

その小道に入っていったらまた「水明共同墓地」って書いてある看板がある。そこから左右に道が分かれてるんだけど、左に行けば「水明共同墓地」、右に行けば山の中に入っていくみたいなんだ。

だから俺たちは左の道へと歩いて行ったんだけど、途中で道がさらに何本かに分かれていて「どの道が正解かよくわかんないなぁ」みたいなことを言いながら「とりあえず左に進んでみるか」ということで、左へ左へと進んだんだよ。

そしたら、前方百メートルも離れてないと思うんだけど、ヨーロッパ風の洋館みたいなのが建っているのが見えるんだよね。

例えるなら「魔界村」に出てくるような洋館なんだけど、なんでこんな場所にこんなものを建てたんだろうと思って、隣を歩いていたカンって友達に「あの建物なんだろうな」って言ったら、カンも「マジだ、教会とかかな?」って言うんだよ。

だけどさぁ、もう二人の友達にはその洋館が見えていないんだよね。

「そんなものどこにあるんだよ」って言うんだけど、俺達には前方にハッキリと見えるのよ。だから、歩きながら「そこにあるだろう」って指さすんだけど、俺とカン以外の二人にはやっぱり見えないみたいなんだ。しかも俺たちは前に進んでいるのに、一向にその洋館と距離は縮まらないんだよ。

まぁ、俺とカンにはそのでかい洋館が見えてるから、とりあえず洋館に向かって歩き続けたんだ。そうしたら急に道が開けて、木が伐採されている所に入ったんだわ。

そこに入った瞬間、さっきまであれだけはっきり見えていたためちゃくちゃでかい洋館が、見えなくなっちゃったの。

カンも「あれ? 建物どこ行った?」って言いながらあたりを見渡すから、俺も一緒になって洋館を探すんだけど、どこにもないんだよ。

その時点ですでに一時間くらい歩いていて、墓地も見当たらないし洋館も見えなくなっちゃったから、来た道を引き返して帰ろうかってなったんだ。

でも、ここでまたおかしなことになるんだわ。

すげえ単純な道を引き返すだけなのに、どれだけ歩いても国道に戻れないんだよね。ほぼ一本道だから間違えるはずなんてないんだよ。気付いたら一時間半以上歩いていて、俺たちもちょっとずつ精神削られてきたから、警察に電話して助けてもらおうと思ったんだよ。

でもさ、当時は今みたいに携帯電話もそこまで発達してなくて、札幌でも外れの方とかに行ったら電波めちゃくちゃ悪くてさ。そんな時代に、山の中に入っちゃってるもんだから全員の携帯がことごとく圏外なのよ。

これはマジで遭難したかもって思って時間を見たらちょうど深夜二時。こんな深い時間に人なんか通らないよな、と思っていると割と近くで車が走る音が聞こえたんだ。

この音は俺だけじゃなくて全員に聞こえてたんだわ。

「車の音が聞こえるってことはそんなに国道から離れたところにはいないよね」

そう言って少し安心していたら、たまに車のライトみたいな光もチラッと木の間から見えるんだよね。

「なんだ全然遠くないじゃん」と、みんなで車の音と光が見える方に向かって歩いていくんだけど、やっぱり全然山から出られないんだ。

そしたらさぁ、二人が木に登って「あっちが国道だわ！　街灯もあるし、ハッキリ見えた」って言い出したの。それならと言われた方向に歩いて行くんだけど、国道には出られない。また道を確認するために木に登るんだけど、降りてきたら「道がある方向はわかるのに、どうしたらあの道に出れるのかわからん」とか、意味不明なことというのさ。

それでもたまに聞こえる車の音や光を頼りに歩き続けるんだけど、何時間歩いてもずっと同じ風景なんだよ。この異常な状況によって精神が蝕まれてちょっとずつだけど、みんなおかしくなっていったんだろうね。足とか腕とか見たらピンク色のヒルみたいなのがくっついていたり、服にも蜘蛛とかよくわからない虫がついていたりして、普段なら気持ち悪いから振り払うはずなのに全員ノーリアクション。

だって、もうそれどころじゃないからね。そうしたら、ついに朝になっちゃったんだよ。でも、明るくなってきたから、自分たちが歩いている道がさっき通った道なのか、違う道なのかがわかるようになったんだ。

山に入ると木に蛍光ピンクだったり、蛍光イエローのテープみたいなの巻いてあったりするじゃん？　あれを手掛かりにしたんだよね。

それで自分たちなりに道を覚えながら歩いていたら、前方約三十メートルくらい先にデニムに白いTシャツの男の人の後ろ姿を見つけたんだ。

やっと助かったと思って四人で「おーい！」って声をかけるんだけど、全然気付いてもらえないから、俺たち声をかけ続けながらその人のところへ走って近づいて行ったんだよ。

それで、その人に五メートルくらいまで近づいたら、シュパンッ！　って目の前からその人が消えて、いつの間にかまた三十メートルくらい先にいるの。

瞬間移動しやがったのさ。

俺たちもう山の中を何時間も歩き続けて頭おかしくなっちゃってるから、怖いとか意味わからんとかじゃなくて、その瞬間移動が面白いのさ。

「なにあの移動方法！　ズルくね？」みたいな感じで、またその男の人に声をかけながら近づくんだけど、五メートルほどまで近づくと瞬間移動して三十メートルくらい先に行ってしまう。

俺たち、それでもあきらめないで何度もその男の人に向かって行くのだけど、ある時、手を振りながら「オーイッ」って走り出した瞬間に左手側の茂みから、
ガサガサガサガサガサッ
と音がしたから見てみたら、巨大な野生の鹿が一頭、こっちを向いて立っている。

近っ！　怖っ！　って思いつつも、男の人を見失ったらまずいと思っているから、正面を見たら、そこにいたはずの男の人はいなくなっていたんだ。

「うわー、マジかよ。俺たちやっと出られると思ったのに」

意気消沈して話をしていたら鹿も居なくなってて、仕方ないからまた歩き出した。

歩き出してすぐ、伐採した木を運ぶためのトラックがつけたようなタイヤ痕を見つけて「これ、辿っていったら帰れるんじゃねえか？」って。

その道を辿っていったら、なんとか国道に戻ってこれたのさ。

「やっと出れたー」って、みんなでグッタリしながら携帯電話で時間を見たら、朝の六時。結局、六時間も山の中を彷徨ってたことがわかったのよ。

一体どれだけの距離を歩いたんだろうって思いつつ辺りを見渡したら、百メートルも

離れていないところに俺たちの車があったんだ。

全然意味がわからないのよ。だって、六時間も山の中を歩き続けたんだよ？俺たち山の中を、どこをどうやって歩いてたんだろうって話しながら車に戻ったんだけど、帰りは何事もなくすんなりと家に帰ってきたんだよね。

でもさぁ、帰ってる最中に気が付いたんだけど、俺たちが追いかけていた瞬間移動する男、彼が進んでいた方向とは真逆に国道はあったんだよね。

あのままあの男について行ったら俺たちどうなってたんだろうなぁーって今でもたまに思うよ。

明晰夢

常連の坂本さんという三十代の男性から聞かせていただいた話。坂本さんの目線で楽しんでいただきたい。

これは、僕の知り合いの方から聞いた夢にまつわる不思議な話です。仮に田辺さんとしておきます。この田辺さん、年齢は三十代後半の男性で、普段は会社に勤めています。数年前に結婚していて、札幌市内のマンションに、奥さんと二人で暮らしているそうです。実は、田辺さん、少し変わっていまして、怖い話、怪談、都市伝説というものに目がないんですよね。一時期は「一人かくれんぼ」というオカルト好きの中では有名な遊び、降霊術と呼ばれるものを、独身時代からよくやっているといった話をよく聞いたものでした。人から聞いたことは、取りあえず何がなんでも、自分でやってみようとする、やってみないと気がすまないそんな気質の男性なんです。

そんな田辺さんと居酒屋でたまたま会う機会が最近増えまして、今はこんなことやってるんだ、なんて子供のように目を輝かせて僕にしてくれた話がありました。

「明晰夢《めいせきむ》って聞いたことある？」

「明晰夢？　ああ、あれですよね。ええと、夢を見ている状態なのに自分の意識がはっきりしていて、夢を見ているっていう自覚があるんでしたよね。ええと、あと、自分で夢の中では自分の意思で夢の内容をコントロールできる、例えば、空を飛んだり、手からビームを出したり——とかそういったものですよね」

そう、僕が答えると、田辺さんは、

「そうそう。それでさぁ、明晰夢を見るために最近練習してるのよ」

練習とはどんなものなのかと訊くと「自分の手を見る、見た時にこれは夢だ、と思う」それだけなんだという。詳しく訊いてみると、

「日常的に自分の手を見て、これは夢だ、と思うことで、眠っていて夢を見ている時にも同じ行為をする、すると、無意識に見ている夢の中で、これは夢だ、と気付くことが

できる」

そんな話をAさんはしてくれました。

その日はそれっきり、明晰夢についての話題は出てきませんでした。


それから一か月くらい経った頃でしょうか。また同じ居酒屋で田辺さんに会い、その話の続きを聞かせてもらう機会がありました。

「最近は、どうなんですか？　あのう、前に話されていた明晰夢の方は？」

と、僕が何気なく話題を振ると、田辺さん、お酒が入っていたせいも、あるのでしょうか、待ってましたと言わんばかりに、興奮した様子で話し始めたんですね。

「うーんとね、実はこの前、練習って言ったの覚えてるか。最近は、その甲斐もあって、頻繁に明晰夢を見ることができるようになったんだ」

僕は、やっぱり田辺さん、もともとが自分でやってみないと気がすまない、そんな気質の持ち主だから、すでに明晰夢を見る行為をマスターしつつあったんだ、と思いました。

そして田辺さんは、どんなことができたのか、まだできていないのか、そんな内容をつらつらと話し始めるように——その内容は今回の話とは直接関係がないので割愛しますが、ただ非常に興味深かったのは、なんでも田辺さんは夢を見た時に、これは夢だ、そう気付いたその時に、かなりの高確率で、同じ建物に引き寄せられるように向かっているのだというんです。

夢の内容をコントロールして、例えば空を飛んだり、好きな芸能人に会いに行って話をしたり、高級なレストランに行ってたらふく食べたり——もちろん夢なので自由なんです。そういう現実では絶対に不可能なことを散々やったあと、田辺さんは明晰夢においての意思とは無関係に、吸い寄せられるように歩き始める。するといつの間にか目の前に建物が現れる。

その建物は、これといった特徴のない木造の平屋で、寺があるような敷地の中にぽつんと建っているそうです。敷地に門などはなく、田辺さんは平屋の入り口前に立っている。入り口には扉はないのですが、外から中の様子を窺うことは何故かできない。それはまるで真っ黒く大きな口が開いているような感じなのだとか。

田辺さんは、ぼんやりとその真っ黒な入り口に向かって歩いていく。建物に入ると、いつの間にか目の前には、ダンスホールのような空間が広がっていて、そのホールの中心あたりに椅子が円形に並べられている。円形に並べられた椅子それぞれに、平均年齢八十歳以上だと思われるお爺さんやお婆さんたちがちょこんと座っている。

座っている老人たちはみなボールを持っていて、バレーボールのトスのように頭の上に両手をかざしボールを突き上げては受け取り、また突き上げるといった行為を繰り返しているそうなんです。その老人たちの表情は、人によって愉快そうだったり不安そうだったり、ムッとした様子だったりと様々です。

その円形の椅子の中心から少し離れた所に、コーチらしき若い女性が立っている。この髪をアップにした女性は、上下ジャージ姿で椅子に座っているお爺さんやお婆さんたちを優しい表情を浮かべて見守っているそうです。

その女性が、建物に入った田辺さんに気付いて近寄ってきました。遠目で見ていたよりもずっと若く、田辺さんの感覚では「美人」といっても差し支えないような女性だったそうです。

ただ一つだけ気になったのが、その女性の両目が異様に細かったんです。目が無いわけではない、ただ、もの凄く細い目をしている。田辺さんには、心を見透かされているような、なんとなく嫌だな、というそんな変な感覚に陥ったそうです。

女性は無言のまま空いている椅子に座るよう促し、田辺さんは円形に並べられた椅子の一つに座りました。すると女性は、どこからともなくボールを取り出すと、田辺さんに手渡した。田辺さん、わけもわからないまま、周りのお爺さんやお婆さんと同じような行動を始めます。ポンと、ボールを突き上げ、ふわふわ落下してきたボールをまた突き上げる――そういった行為を繰り返しているうち、いつの間にか夢から覚醒しているというのです。

そこまで話すと田辺さんは「また今度」と、居酒屋の席を立ち、帰って行きました。

それから三か月ほどが経った頃。

その夜も、いつもの居酒屋で田辺さんと会いました。田辺さんととりとめない話をして盛り上がった後、僕は「前に聞いた、明晰夢の調子はどうです？」と、何気なく話題を変えたんですよね。すると、さっきまで楽しそうに会話していたんですが、その言葉を聞いた途端、田辺さんはすっと無表情になって、しばらく黙り込んでしまった。それで、少し間があってから、こう切り出しました。

「どうしても、この話、聞きたいか？」

僕は田辺さんがそんな反応をするなんて想像していなかったものですから、思わず理由を聞いてしまったんですね。そして田辺さんが言ったことを要約するとこうです。

明晰夢を見ることはもうなくなり、そのきっかけとなる「出来事」があった。

田辺さんは重い口ぶりで、その「出来事」について話してくれました。

「この前、俺がかなりの頻度で、明晰夢を見ることができるようになった、そう言っただろ。それで、あの……最後に話したおかしな建物のこと、覚えてるか？　あの後にこんなことがあってよ――」

そう切り出すと、田辺さんは話し始めました。


毎回、明晰夢に現れる平屋の建物――その中へ入ると円形に並んだ椅子に座ったお爺さんやお婆さんたちが、ポールを突き上げる行為を繰り返している。それを見守る若い女性に促され、田辺さんも椅子に座ると同じようにポールを突き上げる行為を始めるようになり、やがて目が覚める――の繰り返しだったのですが、ふと、田辺さんに魔が差した。

（このまま、夢が終わらないように何かできないか）と。

思えばこれは、田辺さんの夢、しかも明晰夢の状態なので、この世界では田辺さんにできないことはないはず。

（そうだ。あそこに入り口があるから、こんなわけのわからないところからさっさと出て行こう）そう思い立った途端、田辺さん、突き上げたボールをキャッチすると立ち上がり、自分が座っていた椅子の上に置く。そして、二、三メートルほど先にある入り口へ向かって踏み出そうとした。

気付くと目の前に、あの若い女性が立っていた。いつの間にと思うのが早いか、女性は田辺さんの右手と左手の手首をまとめて両手でぐぅーっと掴むと、鋭く言い放った。

「あなた、ここの人じゃないですよね」

女性の細かった目が、ぐわっと開く。先ほどまでの柔らかな表情とは打って変わり無表情になり、見開いた目のあった部分は真っ黒な穴のようになっている。

田辺さん、あまりの出来事に、慌てて夢から覚醒して飛び起きたそうです。その時の両手は、夢の中で女性に掴まれた状態のように、まるで手錠をかけられた時のようにそろえて体の前に突き出していたそうです。

その出来事があってから、田辺さんは明晰夢といったものはまったく見なくなった。

田辺さんが意図して見ないようにしているのか、それとも見ること自体ができなくなってしまったのか、それは定かではありません。

ただ、この話の冒頭で、田辺さんは数年前に結婚しているとお話ししました。この出来事があった後に、今の奥さんと出会い、結婚することになったんです。で、僕は、たまたま田辺さんと奥さんが二人、例の居酒屋で飲んでいる席に出くわしたことがあるんですが、その奥さん、髪をアップにしていて、上下ジャージ姿で、目がすごく細くて、笑顔が張り付いたような表情をしていたんです。そう、田辺さんが夢で見たという女性の特徴そのままの姿なんです。

僕は田辺さんが夢の中で無意識に奥さんのことを登場させていて、田辺さん本人は夢に出てきた女性を奥さんと認識できていないのかな？　と、思いながら何気なく二人のことを眺めながらお酒を呑んでいると、いつの間にか奥さんが僕の方をニコニコしながら見ているんです。（見すぎてたか、気まずいな……）と、僕は愛想笑いを浮かべて軽くお辞儀をすると、奥さんも頭をぺこりと下げて正面を向き直したんですけど、その瞬間、僕は急いで財布から一万円を取り出して、カウンターに置くと店員さんに「お釣りはいらない。ご馳走様！」と言って、慌てて店を飛び出しました。

だって、顔を上げた奥さんの顔、目を見開いていたんですけど、そこに眼球がなくて真っ黒い穴がポッカリと開いていたんです。

後日、その居酒屋で店主に「この前、田辺さん、奥さんと来ていたでしょ?」と聞いたら「奥さん? 坂本さん、何を言っているの! 田辺さんは独身だし、今まで誰かと来たことなんて一度もないよ。あの人はいつも一人で来て、俺か坂本さんとしか喋らないからね」と笑いながら教えてもらいました。

明晰夢が現実に侵食してきたのか、それとも僕が田辺さんの明晰夢に侵食されてしまったのか、はたまた田辺さんが言う「奥さん」が田辺さんに見せた夢なのか、そして、その「奥さん」の次のターゲットに僕は選ばれてしまったのかすべては謎のままだ。

だって「奥さん」といる田辺さんを見かけて以来、何故か田辺さんは僕と一切口をきいてくれなくなってしまったから。

西岡水源地

一昨年の秋の出来事だ。

スリラーナイトの常連で二十代のカップルがいるのだが、その日は珍しく彼女さんだけが来店された。

ホールスタッフによりテーブルに案内され、ドリンクに口をつけたタイミングで彼女さんに近づいて声をかけた。

「サッちゃんが一人で来るの珍しいね！」

グラスを置いたサッちゃんは、待ってましたと言わんばかりに前のめりになった。

「仕事終わりにどうしてもスリラーの誰かに話を聞いて欲しくて来たんですよ！ちょっと匠平さん、聞いてくださいよ！」

サッちゃんは笑顔ではあるが、怒りの感情をあらわにしながら話し出した。

遡《さかのぼ》ること数日前の出来事だ。

サッちゃんは彼氏の伊達君と二人で、札幌市豊平区にある心霊スポット「西岡水源地」に行ったそうだ。

もともと西岡水源地とは一九〇九年（明治四十二年）に通水した軍用水道であり、軍用水道として使われなくなってからは一般家庭への給水をはじめ、一九七一年（昭和四十六年）に廃止になり、その水源地を公園として整備した場所である。

札幌ではかなり有名な心霊スポットで、噂としては西岡水源地の水面から無数の手が伸びてくるのが見えるとか、入水自殺した人の霊に引き込まれるとか、池の周りの遊歩道を歩いていたら後ろから髪の長い女に追いかけられたなど、心霊現象の噂が絶えない場所だ。

サッちゃんと伊達君の二人は、一度でいいから幽霊を見てみたいという思いから、心霊スポットデートを繰り返していた。

そして、その日のデートスポットに二人が選んだのが西岡水源地だったのだ。

深夜二時。丑三つ時に西岡水源地に到着するように車を走らせた。

途中コンビニに寄り、飲み物を買おうとしていると、伊達君が買い物カゴに駄菓子をどんどん入れていく。

「ちょっと、そんなに駄菓子なんて買ってどうするのさー」

サッちゃんが伊達君の腕を掴んで止める。

「今回の行き先は西岡水源地だし。自然豊かな公園だから遠足みたいな感覚で三百円分のお菓子を買おうと思って」

伊達君が屈託のない笑顔で答えた。

サッちゃんはその答えを聞いて、彼氏なりに心霊スポットデートを楽しもうとしていると思ったため、三百円分のお菓子の購入を許すことにした。

会計を済ませて車に戻ると時刻は深夜一時五十五分、コンビニから西岡水源地までは車で十分ほどで到着予定だ。

「ちょうどいい時間に到着できそうだな」

「うん、そうだね！　今回は幽霊見れるかなぁ」

予定通りにことが進み、二人のテンションも高まっていた。

　西岡水源地に到着したのは深夜二時過ぎ。

　車を西岡水源地の駐車場に停め、幽霊の目撃情報が一番多い貯水湖に向けて、二人で歩き出す。

　季節は秋。札幌の十一月初めの深夜の気温は五度以下になる。アスファルトや遊歩道は散った紅葉で埋め尽くされ、公園内の掲示板や等間隔に立っている看板には【熊出没注意】とデカデカと書かれており、目撃された日時まで記載されている。

「西岡水源地って熊出るんだな」

　伊達君があたりを見回す。

「幽霊より熊に遭遇した方がヤバいよね」

　サッちゃんも熊を警戒し、時折手を叩いて音を出したり、携帯で音楽を流すなど熊よけをしながら歩く。

　駐車場から目的の貯水湖までは最短距離で行けば五分ほどでたどり着くが、気持ちを盛り上げるため、大きく遠回りしながら目指す。

　歩き出して十五分ほど経過した頃に伊達君が心霊スポットに行く時にだけ使うメッセ

ンジャーバッグから、購入した駄菓子を取り出して食べはじめた。

「あ、ゴミ袋必要だよね。ちょっと待って」

さっちゃんが自分のカバンからゴミを入れるための袋を取り出そうとすると、伊達君はそれを止めた。

「大丈夫大丈夫。今回はどうしても幽霊見たいから、今までやらなかったことをしようと思うんだ」

そう言うと同時に、駄菓子のゴミを道端にポイ捨てした。

「いや、それは幽霊を見る見ないじゃなくて、マナーとしてダメじゃん」

サッちゃんが駄菓子のゴミを拾って伊達君に注意する。

「マナーはわかるけど、幽霊を怒らせた方が出てきやすいと思うんだよ。明日、明るくなったら自分のゴミ以外のゴミも拾いにくるから、今だけ許してくれって」

伊達君は両手を合わして、さっちゃんに何度も頭を下げる。

サッちゃんとしても幽霊を見たい気持ちはあるが、ゴミのポイ捨ては許せない。だけど、明日にはゴミを拾いに来ると頭を下げる彼氏を見て、サッちゃんは決めた。

「わかった！　なら、私も明日一緒に西岡水源地内のゴミを拾いにくるからね！　あと、今回だけで今後は絶対にポイ捨てダメだからね！」

彼女から許可がおりた伊達君は幽霊を見たいがためにヒールを演じる。

駄菓子を貪《むさぼ》り食い、そのゴミをその辺に捨て、捨てるだけでは飽きたらず、

「幽霊さーん！　どんどんあなたの住処が荒らされてますよー！　早く出てこないともっとゴミ捨てますよー！」

と、そこにいるかもしれない霊を煽《あお》る。

その間も貯水湖に向かって歩き続け、そしてついに貯水湖にたどり着いた。

その頃には購入した駄菓子は全部食べ終わり、ゴミはすべて敷地内にポイ捨て。さらには霊を煽るだけ煽って霊を見るための準備は万端。

貯水湖の周りの遊歩道を二人で、神経を研ぎ澄ませ、五感をフルに活用し、ゆっくりと歩く。

サクッ、サクッという落ち葉を踏みしめる音、遠くから聞こえる車のエンジン音、土の香り、自分たちの呼吸音、頬を撫でる冷たい風――。

サッちゃんが腕時計で時間を確認すると深夜二時三十分過ぎ。

まだまだ丑三つ時だ。

「ねぇ、なんか感じる？」

さっちゃんが伊達君の服の裾を掴んで軽く引っ張る。

「いや、全然わかんないな。何か……ん？」

伊達君が立ち止まり、後ろを振り返る。それにつられてサッちゃんも後ろを振り返った。

「どうしたの？」

伊達君は振り返ったまま動かない。

「ねえ、なんかいるの？」

「いや、気のせいか……」

伊達君は正面に向き直り、歩き出した。

「なんかあったの？」

「後ろから足音が俺たちに向かってきたと思ったんだけど、気のせいだったみたい」

伊達君は残念そうに眉毛をハの字に下げている。

「そんなに凹《へこ》むことないじゃん。三時まであと二十分くらいあるし、まだ丑三つ時だからチャンスあるって！」

サッちゃんが伊達君を元気づけている最中、

ゴーーーーーッ

強い風が吹きはじめた。

「うわっ、急にすごいな」

落ち葉が舞い上がり、渦を巻いて風下へ流れていく。

貯水湖の水面が風で揺れて波紋が広がり、月の光が水面をゆらゆらと泳ぐ。

「なんか怖い気がする！」

風で声が遮られないように大声で、伊達君に声をかけた瞬間、

ぽつ、ぽつ、ぽつ、ザーーーーー

大雨が降りはじめた。

「うわっ、これはヤバいっ！　急いで車に戻るぞ！」

伊達君がサッちゃんの手を引いて駐車場に走り出した。

「引っ張ったら危ないって！」

二人で手を繋いだまま走り、車に乗り込んだ。

突然の大雨で二人とも全身ずぶ濡れになり、心霊スポットデートどころではなくなっ

てしまった。

冬が近いため雨は冷たく、気温はさらに下がり、髪の毛も服もビショ濡れで体が一気に冷えてくる。

「残念だけど風邪引いちゃう前に帰ろうか」

サッちゃんが運転席に座る伊達君の左肩に手を置く。

「そうだな。雨も止みそうにないし、全身びちゃびちゃで寒いし今日はもう帰ろうか」

天気が急変してしまったため、やむを得ず心霊スポットデートは終了となった。

「運転するからこれ持っててくれ」

伊達君が心霊スポットデート用のメッセンジャーバッグを、助手席に座るサッちゃんに渡した。

エンジンを掛けて、暖房を入れてから車を走らせる。

しかし、冷たい雨に打たれた体はそう簡単に暖まらず、さっちゃんは寒さで体を震わせていた。すると、伊達君がコンビニの駐車場に車を停める。

「さち、寒いんだろ？　なにか温かい飲み物買ってきてやるから待ってろ」

「あ、それなら私も一緒にコンビニ入る。ちょうどトイレ行きたいと思ってたし」

サッちゃんは自分のカバンと伊達君のメッセンジャーバッグを肩からかけ、二人で車から降りてコンビニに入った。

さっちゃんは真っ先にトイレに向かい、伊達君は雑誌コーナーを眺めていた。

トイレから戻ると雑誌コーナーの前に伊達君の姿はなく、探し歩くとホットドリンクのコーナーの前にいるのを発見した。

「さち、何飲む？」

「そうだなー、あっ、ホットレモンにする」

「おーけー」

伊達君はホットレモンとコーヒーを手に取るとレジに向かった。サッちゃんも後ろをついて行く。

「あ、ごめん。俺のカバンの中に財布あるから取ってくれないか？」

レジ前で伊達君がサッちゃんの方を振り向き、手を伸ばした。

「うん、ちょっと待って」

サッちゃんが伊達君のバッグのチャックを少し開けると、ガサッ、という音と共にバッグから茶色い何かが出てきた。

「なにこれ?」

それは落ち葉だった。

「なんでバッグに落ち葉なんて入れてんのー?」

笑いながらチャックを全開にする。すると、バッグの中にはギッシリと落ち葉が詰まっていた。

「え? なにこれ?」

サッちゃんが伊達君を見ると、伊達君も「お前いつの間にイタズラしたんだよー」と笑っている。

「私、何もしてないよ?」

「嘘言うなって、怒らないから素直に言えよ」

伊達君は笑いながらバッグの中を覗く。

「私、本当に何もしてないって! だって、西岡水源地にいる時、ユウ君自分で肩にバッグかけて歩いてたじゃん!」

伊達君はさっちゃんのイタズラだと思っているのだろう。楽しそうに笑っている。

「はいはい。とりあえずサイフちょうだい。店員さん待たせてるから」

サッちゃんもコンビニの中でする話ではない、車に戻ってから落ち着いてゆっくり話そうと思い、落ち葉が大量に入っているバッグに手を入れると、落ち葉は水を吸ってビチャビチャに濡れている。

「落ち葉濡れてるし、最悪な……え、何コレ……」

「どうした？」

「これ、見てよ」

さっちゃんがバッグを広げ、伊達君がバッグの中を確認すると、その顔から笑顔が消えた。大量の落ち葉の中に植物には見えないカラフルなものが混じっている。

「なんで俺が捨てたはずの駄菓子の袋が入ってるんだよ……」

そう、それは西岡水源地で捨てたはずの数々の駄菓子の袋だったのだ。

「その後、私と彼でお互いを疑って、少し喧嘩みたくなったんです。でも、急に彼が大人しくなって、考えるようなそぶりを見せた後に言った言葉で喧嘩はおさまったけど、私スゴい怖くなっちゃったんです」

ずっと怒りながらだが、楽しそうに話していたサッちゃんの顔から笑顔が消えた。

「なんて言われたのさ」

「彼『雨が降り出してすぐに車に戻ったから、俺たち二人には不可能だよな』って言ったんです」

僕にはどういうことか理解できなかったため、もう一度質問した。

「ごめん。つまりどういうこと?」

「落ち葉も駄菓子の袋も全部ビチャビチャに濡れていたんです。つまり、雨が降り出してすぐに二人で手を繋いで車に戻っているんで、私たち二人には雨で濡れた落ち葉や駄菓子の袋を拾ってバッグに入れるなんてことをするのは不可能なんですよ」

サッちゃんと伊達君は家に帰ってからも眠れず、夜が明けてすぐ西岡水源地にゴミを拾いに向かった。

しかし、拾い集めたゴミの中には、昨夜、伊達君が捨てた駄菓子のゴミは一つもなかったという。

札幌市内の産婦人科

二十代後半の女性、桃子さんから聞かせていただいた話。

現在、桃子さんは結婚五年目で、一つ年上の旦那さんとそろそろ一歳になる子供と三人暮らしだ。

結婚する時の二人の約束で「二人の時間を大切にしたいから子供は結婚してから三年目以降に作る」というものがあり、二年間は子作りをせず二人で旅行に行くなどして新婚生活を過ごした。そして、約束通り三年目からは子作りを始め、四年目に妊娠。

家の近くには産婦人科があり、そこはとても評判が良かったため、桃子さんは通院していた。

妊娠六か月目、今まで感じたことのなかった子宮の重みによって背中や腰が痛み、その日はちょうど定期検診日で、お母さんが家の手伝いをするため来てくれており、急遽お母さん付き添いのもと病院に行くことになった。

いつもとても混んでいる病院なのだが、その日は自分を含めて五人ぐらいしか患者さんの姿が見えない。（今日は早めに帰れそうだな）と思いつつ、受付を済ませ待合室の椅子に座っていると、お母さんが「トイレに行ってくる」と言って席を外した。

桃子さんは一人で痛む腰をさすりながら、待合室にあるテレビを見ていると「こんにちは」と、後ろから声をかけられた。振り向いてみると、そこには七十歳くらいのおばあさんがいた。

「こんにちは」

桃子さんも挨拶を返すと、おばあさんは優しい笑顔で話しかけてきた。

「私の孫も妊娠してて、あなたと同い歳くらいなの」

どうやら自分の孫と桃子さんを重ねて話しかけてきたようだった。

「そうなんですね。妊娠何か月ぐらいなんですか？」

「今で妊娠三か月ぐらいなんだけど、お腹の中の子がすごく元気で『僕は早く外に出たいから九か月目で出てきちゃうよ』って、言うのよ」

「え？　お腹の子がですか？」

「そうよ。あなたの子もスゴい元気だから早く外に出たいって言ってるけど、我慢させないとダメよ。あと腰や背中の痛みは一か月もすれば落ち着いてくると思う。今は体を動かせるのが嬉しくって、お母さんに喜びを伝えてるんだね」

おばあさんは一方的に話し続け、桃子さんと同い年ほどの女性が玄関の方に歩いていくのに気が付くと「あ、私も行かなきゃ」と言って、その女性と一緒に病院から出て行った。

（さっきの人はなんだったのだろう？）

母親がトイレから戻ってすぐに先ほどの出来事を話すと「何かわかる人なのかもしれないねー」と、目を丸くしながら桃子さんのお腹を擦った。

それから一か月、どんどん成長していく我が子の重さや胎動によって、腰や背中の痛みが日に日に悪化していく中、妊娠七か月目に入ると、突然嘘のように腰と背中の痛みがなくなった。

（あのおばあさんの言った通りだ）

しかし、あれだけ痛かった腰や背中が痛くなくなると逆に、お腹の赤ちゃんのことが心配になる。不安を抱えながら病院で検診を受けると先生から「桃子さんの体もお腹の赤ちゃんもとても健康な状態」と言われ、とても安心したという。

そして時が流れ、出産予定日前日。

初産ということもあり、病院の先生から陣痛が来る前に早めに入院することを勧められた桃子さんは出産予定日前日に入院した。

病院に着いてからは旦那さんと一緒に先生や看護師さんから出産当日の動きなどの説明を受けて、旦那さんは一度家に帰った。

一人部屋のベッドに横になり休んでいると、妊娠六か月目の時に話しかけてきたおばあさんが廊下を歩いているのが見えた。

(あ、あのおばあさんだ)

桃子さんが話しかけようとすると、おばあさんも桃子さんに気付いたようで部屋に入ってきた。

「明日が出産予定なんだろうけど、明日は産んじゃダメ。お腹の子だけじゃなくてあなたの命も危なくなる。だから、明日は絶対に産んだらだめだよ」

それだけを言うとおばあさんは部屋から出ていった。

桃子さんは質問をする時間を与えてもらえなかったため、どうすれば良いのかわからなくなった。

でも、過去におばあさんが言っていたことが当たったことがある桃子さんは、おばあさんの言葉を信じることにした。


次の日。

看護師さんが部屋に入ってきて、陣痛を促進させる薬を点滴で入れに来たが、桃子さんは薬には一切頼りたくないというのを理由に拒否した。

（これで今日一日乗り切って、明日出産すればいい）と、考えていたが午後一時過ぎに陣痛が始まってしまった。

桃子さんは自分の子供を助けるために産むわけにはいかないと、陣痛が始まってもナースコールを押さず、陣痛が始まれば連絡すると言っていた旦那にも連絡をしなかった。しかし、ついには破水してしまった。破水してから数分後、定期的に様子を見に来ていた看護師さんが桃子さんが破水していることに気が付き、桃子さんはすぐに分娩室に運ばれた。

病院の先生や看護師さんが力を入れるように声をかけてくれるが、

(あのおばあさんの言いつけを守らなければ自分も自分の子供も死んでしまう)

そう信じていた桃子さんは、先生や看護師さんの言うことを一切聞かなかった。

痛みはどんどん強くなり、意識も朦朧《もうろう》としてくる。周りの声がどんどん遠のいていく中、ついに桃子さんは意識を失ってしまった。


気がつくと病室のベッドの上だった。

ベッドの横には旦那と母親と父親が心配そうにこちらを見ている。

(子供のことを聞かなきゃ!)

桃子さんが声を発しようとした瞬間、部屋の入り口にあのおばあさんが立っていることに気がついた。

そして、おばあさんは鬼のような形相でこう言った。

「二人殺せたはずなのに……」

そこで桃子さんは再び気を失ってしまった。

後日、病院で説明を受けたところ、桃子さんが上手に力むことができなかった（桃子さん自身がわざと力まなかった）ため、お産が長引き、母子ともに危険な状態にあった。そのため、緊急に帝王切開で赤ちゃんを取り出したということだった。

新しい命が生まれる場所には、その命を奪おうとするナニかがいるのかもしれない。

滝野すずらん丘陵公園

三十代女性、千恵美さんから聞かせていただいた話。

今から十数年ほど前の夏の終わりの出来事だ。

千恵美さんは友達と十人で、滝野すずらん丘陵公園に遊びに行くことになった。

滝野すずらん丘陵公園は、札幌市南区にある公園で北海道唯一の国営公園である。

公園の広さは四百ヘクタールもあり、その敷地内には色とりどりの花畑や大型遊具、散策のできる森があり、さらには滝が三つもある自然豊かな公園だ。

しかし、そんな素敵な公園には裏の顔がある。

滝野すずらん丘陵公園は札幌では心霊スポットとして有名なのだ。

公園内のとある「公衆トイレ」と「アシリベツの滝」では霊の目撃情報や、心霊現象が多発するという。

千恵美さんたちはこの噂が本当かどうか検証するという体で、肝試しのために滝野すずらん丘陵公園に行くことになったのだ。

日中は家族連れで賑わっている公園である。そんなキラキラした家族たちを横目に、心霊スポットとして楽しめる自信がなかった千恵美さんたちは、深夜の零時過ぎから車二台で公園に向かった。


到着したのは零時三十分過ぎ。公園の駐車場には車は一台もない。街灯が点々とある——といっても広大な敷地の公園では、その街灯の光によって、暗闇がより際立つ。

幽霊が出ると言われている公衆トイレの場所がはっきりとわからなかったため、千恵美さんたちはアシリベツの滝を肝試しの目的地とした。

だが、怖くないと肝試しではないという意見があり、十人全員で一緒に行くのではなく、五人五人の二組に分かれていくことになった。

公園内を十人全員で移動していたのだが、途中道が二つに分かれているところがあり、そこから二手に分かれてアシリベツの滝を目指す。

千恵美さんチームは左の道を進むことになり、もう一つのチームは千恵美さんたちが出発した五分後に、右の道からアシリベツの滝を目指すことになった。

駐車場付近には街灯がたくさんあったが、公園内は想像よりも街灯が少なく、千恵美さんチームが選んだ左の道には一本も見当たらない。いや、正確に言うならば懐中電灯で道を照らすと、街灯を二本見つけたのだが、何故か電気が点いていなかったのだ。

ピピッ

男友達の腕時計が鳴り、時間を確認すると深夜一時。

「よし、出発しよう」

千恵美さんチームがアシリベツの滝に向かって歩き出した。

懐中電灯は一本、五人でまとまって足元に気をつけながら歩く。

舗装されている道を歩いてはいるがあたりを見渡せば木々に囲まれており、山の中を歩いているような錯覚を覚える。しかも、滝野すずらん丘陵公園は熊の目撃情報が頻繁にあるため、熊への警戒も怠らない。

「暗いから全然距離感わかんないね」

「そうだな。滝の方とかもっと暗そうだな」

「そろそろ向こうのみんなも出発したかな?」

みんなで喋りながら歩いていると、

「千恵美っ!!!」

突然、後ろから大声で名前を呼ばれた。

その場にいた全員で一斉に後ろを振り返る。が、暗過ぎて誰が名前を呼んだのか確認できない。

「今、私、名前呼ばれたよね?」

千恵美さんが周りのみんなに確認をとっている最中に、また声が聞こえてきた。

「千恵美だめだ! それ以上進んだら取り返しがつかなくなるから、早くこっちに戻ってこいっ! 走れっ!」

さっきよりもはっきりと声が聞こえる。

男の声。焦っているのか口調は早口だ。

「これ、戻った方がいいんじゃない?」

「そうだね。まだあっちのみんな出発してなかったんだ」

「もしかしたら出発する直前に何かを見たり、声とか聞こえたんじゃない？」

「それめちゃくちゃ怖いじゃん！　早く戻ろうよ！」

みんなで話している間も「早く戻れ」と言う声がずっと聞こえて来る。

「わかった、すぐそっちに戻る！」

千恵美さんが大声で返事をするのと同時に、全員が一斉に来た道を走り出した。

走っている最中も向こう側からはこちらが見えているのか「もっと早く！」や「後ろは絶対に振り向くなよ！」と声が聞こえ続ける。

千恵美さんたちはその声に恐怖心をあおられ、息が切れても走り続けた。そして、無事に出発地点に戻ってくることができた。

「はぁ、はぁ、はぁ、はぁ……」

千恵美さんは立っているのもやっとで、その場に座り込んでしまう。

「なぁ、他のみんなは？」

そんな中、元自衛官で一番体力のある渡辺が他のみんなの息が整う前に周りを見渡しながら歩き出した。

千恵美さんも呼吸が少しずつ整って、周りを見る余裕ができた時に気がついた。

あれだけ声をかけられたはずなのに、自分たち以外その場にいないのだ。

「あれ？　ほんとにみんなどこに行ってるんだろう？」

全員で他の五人を探していると、

ざっ、ざっ、ざっ、ざっ

千恵美さん達が走って戻ってきた左の道から足音がこちらに向かってくるのが聞こえる。

その場にいる全員、すぐに足音に気が付き暗闇の中を凝視する。

ざっ、ざっ、ざっ、ざっ

音がどんどん近づいてくる。そして、気が付いた。その足音は複数人のものだ。

(今から走り出しても逃げられないっ！)

千恵美さんが恐怖で体を固くしていると、

「なんだー！　ここにいたのかよ！」

そこに現れたのは別行動をとっていた五人だった。

「え？　なんでそっちからみんながきたの？」

内心ホッとしながら千恵美さんが質問をする。

「俺たち右の道から出発して滝のほうに向かっていたんだけど、途中一本道になる合流地点のところで、お前たちの足音だと思うんだけど、バタバタバタバタって走る音が遠のいていくのを聞いて、何かあったんじゃないかと思って、音とか声がする方向に向かって歩いてきたら、ぐるっと一周してここに戻ってきたんだよ」

「ちょっと待って。みんなのうちの誰かが『千恵美戻れ』って私のこと呼んだよね？」

「なんの話？　誰も呼んでないぞ」

そんなはずはない。声が聞こえたから千恵美さんたちはこの場に戻ってきたのだから。

「嘘つくのやめてよー。怖くなるでしょ！」

千恵美さんが笑いながら別チームの一人の肩を叩く。

「そっちこそ怖がらせるのやめてよー。私たちは誰もそんなこと言ってないよ？」

他の人たちもどうやら嘘をついてるようには見えない。

「じゃあ、さっき私たちを呼んだ声って誰のなの？」

その後、全員でどれだけ話し合っても、声を発した人の正体はわからなかった。

最後に千恵美さんはこんなことを言っていた。

「もしかしたら、幽霊が出ると言われている滝に行かせないように、私の守護霊か、一緒にいた誰かの守護霊が助けてくれたんじゃないかなと思ってるんだよね。あのまま先に行ってたら、もしかしたら怖い目にあったかもしれないしさ。やっぱり心霊スポットっていうのは行くもんじゃないんだね」

北海道大学

北海道大学に通う二十一歳の女性。杉谷さんから聞かせてもらった話。

この話は杉谷さん本人から取材している体で読んでいただきたい。


これからする話、二年前の話なんで私が大学一年生の時の話なんですけど、私が通っている北海道大学って敷地がものすごく広いんですよ。

私自身、全然イメージがわかないんですけど、私が通っている札幌キャンパスは東京ドーム三十八個分の広さがあって、北海道大学が保有している敷地を全部合わせると東京二十三区がすっぽり入っちゃうらしいんですよ。

まぁ全部合わせた敷地の話は一旦置いといて、札幌キャンパスだけでも東京ドーム三十八個分ですからめちゃくちゃ広いんですよね。それだけ広いと、友達とご飯を食べに行く約束をして、その待ち合わせ場所に行くのに十分以上かかったりとか、迷子になって講義に遅れたりするんです。学生同士でも、同じ人と何度もすれ違うこともなかったりしますし。

それだけ広い札幌キャンパス内で、ある日から毎日のように見かける男の人がいたんです。

年齢は少し大人びて見えたんで二十二、三歳だと思うんです。

身長は百七十センチ前後で天然パーマなのかちょっとゆるめの癖っ毛で、いつも少しだけオーバーサイズなロンTを着て、黒いパンツを穿いているんですよ。

多分初めて見たのはキャンパス内にあるコンビニだったと思うんですが、私がお昼ご飯を買っている時に後ろに並んでいたんです。

その男性と次に会ったのが、その翌日に友達とキャンパス内の銀杏並木を歩いている時で、銀杏の樹の側に立っていたんです。何故か「あの人だ」とすぐわかりました。

そして、それからは毎日、キャンパス内の私が行く先々でその男性を見かけるようになったんです。

最初は（すごい偶然もあるもんだなぁ、こんな広い敷地内なのに毎日会うなんて）と思っていたんですけど、毎日毎日、行く先々で会うなんてやっぱりおかしいじゃないですか。

それで私、もしかしたらこの男の人、ストーカーなんじゃないかと思って、試しに今まで一度も行ったことのない馬術部が使う馬場に行ってみたんです。そうしたら、その男の人がいて、馬場の柵に手をかけて私の方をじっと見ているんです。

こうなったらもうストーカー確定じゃないですか。

私、友達に電話をしながら走ってその場を離れたんです。

友達に状況を説明するうちにどんどん怖くなってきて泣いちゃって、そうしたら心配してくれた友達が、北18条門まで迎えに来てくれたんですよ。

私も友達もその後、同じ講義を受ける予定だったんですけど、もうそれどころじゃなくって家に帰るって私が言ったら、友達も一緒に家に来てくれたんです。

家に帰ってからも友達は私のことを励ましてくれて「明日は大学にいる間、ずっと一緒にいるよ」って言ってくれて、私も甘えることにしたんですね。

それで次の日、その子と一緒に大学に行って講義を受けて、お昼ご飯も一緒に食べたりしたんですけど、あのストーカー男の姿が一切見えないんですよ。昨日の出来事で私がストーカーされていると認識したことに気が付いたからだと思ったんですけど、さすがに近づいてこないのかなーと安心していたんです。

ご飯を食べ終わった後、友達と一緒に講義を並んで受けていたら、その子が急に「トイレに行ってくるね」って言ってそっと教室から出て行ったんです。

友達のためにも講義を携帯で録画しながら、わからない言葉をノートに書いていたら、視界の端でトイレに行った友達が席に戻ってきたのが見えたんです。

「おかえり」って小声で言って横を見たら、それ友達じゃなくてストーカー男だったんですよ。

しかも、私のことをニコニコした笑顔で見つめていたのです。

そんな状況になったらもう講義どころじゃないですよ。教室に響き渡るほどの大きな悲鳴を上げて立ち上がると、その男に背中を向けて四メートルくらい離れて振り返ったんです。そうしたら、その男、いないんです。

あれ？　って思って周りを見渡したら、同じ講義を受けていた生徒たちが私のことを見ていて、何人かは「どうしたの？」とか声をかけてくれて――。

教授も「どうかしましたか?」と、突然悲鳴を上げた私に対して優しい顔で声をかけてくれました。でも私、周りの生徒たちに見られてるっていうのが急に恥ずかしくなって、「ごめんなさい」とだけ言って、教室から飛び出したんです。

教室から出てすぐ、トイレに行っていた友達が廊下を歩いているのを見つけて、近づいていったら、その友達の真後ろにストーカー男が立っていて、私のことをさっきと同じ笑顔で見つめているんです。

私、「後ろ!」って指差しながら言ったら友達はすぐに後ろを振り返って、私の方を向き直って目を丸くして「びっくりしたー、てっきり私の後にストーカー男がいるのかと思ったじゃん」って言ったんです。

そう言ってる間も友達の真後ろに、男がいるんですよ? 後ろを振り返った時、友達は間違いなく男の顔を見てるはずなんです。だって、友達とその男の距離って一メートルも離れてないいんですもん。だけど、どうやら友達には見えていないんです。

私、その一瞬の間に、あの男が幽霊だって、何故か理解できたっていうか、納得したんです。

そしたら逆に全然怖くなって、自分からその男に近づいていったら、その男は突然、友達の後ろから消えちゃったんです。
友達は、私のことを心配そうな目で見つめていたんですね。そして言ったんです。
「俺はこのキャンパスから出られないんだ」
友達の声ではなく、男の声でした。
それを聞いた途端、私は涙が止まらなくなってしまったんです。
「怖い」ではなくて、「可哀想」になってしまって。
私、その言葉を聞いて、あることに気がついたんです。
キャンパスの外でその男の人を見たことがなかったことに。

今はリモート授業になってしまって、キャンパスに全然行かないから、あの男の人を見ることはないんですけど、いつか彼が北海道大学を卒業できるように私は願っています。

すすきのB館ビル

僕の働いている怪談ライブバー・スリラーナイトすすきの店の楽屋でデスクワークをしていると、ステージ担当の怪談師「藤田第六感」がお客様たちの見送りを終えて楽屋に戻ってきた。

「今いたお客さん、カラオケの営業をしている人だったんだけど、メチャクチャ喋りがうまくて色々お話しさせてもらってたら、スゴい話聞かせてもらったわ！」

そうして藤田第六感は、聞いたという話をしてくれた。

半沢さんはカラオケの営業の仕事をしている。バーやスナックなどに行き、カラオケの設置をしてくれる店舗と契約を結び、機械の設置する日を決めるのが仕事だ。

しかし契約したにもかかわらず店の構造上、機械の配線を通すことができないという場合があるので、契約前にカラオケが設置できるか店の状態を確認するのだという。

カラオケの配線は基本、天井裏に通すため、確認のためには点検口を開けるのだが、時々変わったものが天井裏より出てくるのだという。

例えば、和紙でぐるぐる巻きになった包丁や、白い粉が大量に入ったパケなど——様々なものがあった。

そんな中、今までで一番記憶に残っているものを、半沢さんは藤田に話した。


その日、半沢さんはすすきのにあるB館ビルに営業に行った。

B館ビルの最上階にはホストクラブが入っていて、今使っているカラオケ機種ではなく、半沢さんの取り扱っている機種に変更したいということだった。

ホストクラブの店内に入り代表と話をつけると、半沢さんはすぐに点検口を開いてチェックを始めた。

屋根裏を懐中電灯で照らして配線を見ていると、何か人形のようなものを発見した。

手を伸ばして取ってみると、それは藁人形だった。

いったいいつからそこにあったのかわからないが、その藁人形の胴体には、名前を書いた紙が貼ってある。そして、人形の右足には大量の釘が打ち込まれていた。

半沢さん、それをそのまま放置しておくわけにもいかないと思い、配線チェックを済ました後、藁人形を処分するため天井裏から取り出した。

代表には「配線を確認した結果、問題なくカラオケを設置できる」と伝えた後、

「こんなものも出てきましたが、こちらで処分しておきますね」

と何気ない風に言って店を後にしようとしたところ、代表が半沢さんをとめた。

「自分の店の屋根裏から藁人形が出てくるって、めちゃくちゃ怖いですよ？　あの、藁人形って物を初めて見たんで、よく見せてもらえませんか？」

半沢さんからすればすぐに捨ててしまうつもりだったし、「どうぞ」と代表にそれを手渡した。

代表は藁人形をマジマジと見ていたが、「これ、マジでダメなやつだ」と言うとテーブルに捨てるように置いた。

その顔を見ると青ざめていて、額には汗まで浮かんでいる。

その様子に驚いた半沢さんは代表に声をかけた。

「どうしました？　大丈夫ですか？」

代表は何か怖いものを見てしまったかのような、そんな表情をしていた。

「すみません。藁人形に書いてあった『I』って名前、数年前までこの店で働いていたヤツなんですわ。当時、すすきのでナンバーワンホストだったんで驚きました」

代表が知っている人の名前が書かれた藁人形となると、手に取って青ざめたのも納得がいく。

「Iは本当に凄い奴で、私も信頼していたんです。ですけど、突然ホスト業界を引退してしまいました」

「どうしてですか?」

思わず訊いてしまった半沢さんに代表は、藁人形の大量に釘の打ち込まれた右足をジッと見つめながら言った。

「事故です。バイク事故を起こしてしまって一命は取りとめたんですけど……右足を失ってしまったから引退したんです。

現在もB館ビルで、そのホストクラブは営業中である。

すすきのホテルR

二十代後半の女性、モコさんから聞かせていただいた話。

モコさんは二〇二〇年五月まで、すすきのにあるホテルRに勤めていた。

彼女はフロント担当で、お客さんのチェックインからチェックアウトまで様々な手続きを担当していた。

しかし旅行者や海外観光客の減少により、ホテルの経営が短期間で悪化し、従業員が大幅に出勤日数を減らされたり、クビになってしまった。そのため、必要最低限の人数でホテルを回さないといけなくなり、モコさんはフロント業務以外の仕事もすることになった。

その仕事とはベルアテンダントと呼ばれるもので、お客さんの荷物を持ってフロントや客室まで案内するのだ。

ベルアテンダントはロビー含めホテル内を歩き回るため、他のスタッフとの関わりも多い。フロント業務もこなすことができるモコさんは、その経験からフロント周辺やロビー全体の様子に敏感だった。そのためお客さんや従業員の動きに素早く気付いて対応することができ、みんなからの信頼も厚かったという。

だが、慣れないベルアテンダント業務のせいか、モコさんは首を痛めてしまった。

(一日に何組ものお客様の荷物を運んで、フロントや部屋を案内して歩き回っていたら首も痛めるよな)

従業員が足りず休むわけにもいかないモコさんは、痛い首をさすりながら仕事を続けていた。


ある日。新たなお客さんの荷物を持ち、ホテルの入り口からフロントに案内したモコさんは、入り口に戻ろうとしたところ、目の前の光景に噴きだしそうになった。

入り口のガラス越しに、侍のコスプレをした男性が右手で顎をさすりながら興味深そうにフロントをのぞき込んでいるのが見えたからだ。

綺麗に整った、ちょんまげ頭のカツラまでつけている。

（こんな時期にコスプレのイベントでもあったのかな？）

モコさんは笑ってしまわぬよう仕事スイッチをグッと押し込み、入り口に向かって歩いて行く。

侍のコスプレをした男性を真っ直ぐに目視し続けるのは失礼と思い、わざと視線を外して入り口の扉を開ける。

「お待たせ致しました……あれ？」

そこにはさっきまでいたはずの侍のコスプレをした男性はいなくなっていた。

（どこに行ってしまったんだろう？）

あたりを見渡すが、男性の姿はどこにもない。

見間違いってこともありえない。何故ならコスプレ姿に驚き、笑いそうになっているのだから。

（変な人のいたずらかな……）

モコさんがフロントに戻ろうと、扉にかけた手を外した時にあることに気がついた。

（あれ？　首の痛み、取れてる）

なんの前触れもなく、痛みで辛かった首がなんともなくなっている。

それから数時間後、その日宿泊予定のお客様が全員チェックインを終え、モコさんがベルアテンダントからフロント業務に戻ろうとしている時のこと。

ふと、視線を感じた。振り返ってホテルの入り口を見る。

モコさんはその瞬間、なんとか堪えたが少しだけ噴き出してしまった。

そこにはあの、侍のコスプレをした男性が立っていた。しかも、どこから仲間を連れてきたのか他にも時代劇に出るような服装の二十代〜六十代くらいの男女が数人、外からガラス越しにこちらを見ている。

モコさん的にはとても面白かったのだが、ホテルを利用するわけでもなく、ただただホテルの中を覗く和装コスプレ集団は、ホテル側としては迷惑行為になりかねない。

他の厳しいスタッフに見つかって大事になるよりも、穏便に注意ができる自分が声をかけてあげよう。

入り口に向かって小走りをしている最中、突然首に激痛が走った。あまりの痛さに首を押さえながら、その場で膝から崩れ落ちてしまう。

（最悪だ……。治ったと思ったのにぶり返した）

痛みにより動くことができず、うずくまっていると後ろから声が聞こえた。

「大丈夫ですか？　あ、代々木さんか！　どうしたの？」

痛い首を少しだけ動かし顔を上げると、そこには三年先輩のマサミさんが心配そうな顔をしてこちらを見ている。

「マサミさん、心配かけてごめんなさい。突然すごい激痛が首に走って、思わずしゃがみこんでしまいました」

「そうだったんだ大丈夫？　とりあえずロビーの真ん中だから休めるところに移動しようか。動ける？」

マサミさんが手を差し出してくれた。

「はい、なんとか動けそうです。あ、でもその前にホテルの入り口の前にいる人たちに声をかけないと」

「入り口？　誰もいないけど、誰かいたの？」

モコさんがゆっくりと首を動かして入り口を確認してみると、ほんのさっきまでいた和装コスプレ集団はいなくなっていた。

「あれ、変だな。さっきまで時代劇みたいな格好をした人たちが十人くらい、いたんですよ」

マサミさんの目が一瞬見開き、すぐに元の優しい目に戻る。その一瞬の表情の変化をモコさんは見逃さなかった。

「とりあえずフロント裏に行こ？　立てる？」

モコさんはマサミさんに手を引かれ、フロント裏に入っていった。


椅子に座る頃には、あれだけ痛かった首の痛みが嘘のように消えていた。

「あの、マサミさん。なんでさっき私が時代劇みたいな格好した人がいるって話をした時にびっくりした顔したんですか？」

モコさんはさっきのマサミさんの表情から抱いた疑問を直接本人にぶつけた。

すると、マサミさんが頬に手を当てて、下を向く。

「うーん。あまり面白い話ではないし、噂話でしかないんだけど、それでも聞く？」

「はい。聞きたいです」

マサミさんは意を決したのか顔を正面に向けると、モコさんの目を見て話し出した。

「あのね、江戸時代から明治の初めくらいまで、札幌にも処刑場があったって言われているの。当時は娯楽がない時代だから、処刑を娯楽って表現するのはよくないけど、昔の人たちは処刑がある日には処刑場に集まって処刑される人を見ていたんだって」

「そうなんですね」

「うん。それで、当時の処刑といえば打ち首でしょ？　刀で首を切り落としちゃうの」

モコさんは漫画や映画などの打ち首のシーンを思い出していた。

「私がこのホテルで働き出した時に田上さんって五十代の男性のスタッフがいて、代々木さんがここに就職する前に辞めてしまったのだけど、その田上さんが私に言ってたの」

このホテルが建っている場所はもともと処刑場だった、って。

その言葉を聞いたモコさんは咄嗟に利き手で首を押さえていた。自分の首が地面に落ちると、その瞬間本気で思ったという。

「時代劇みたいな格好した人がたくさん、代々木さんのことを見ていて、首が痛くなったっていうの聞いた時に、田上さんが言っていたことと繋がっちゃってさ……」

モコさんは現在、経済的な理由からそのホテルを退職し、今は別の職種で元気に働いている。

邪魔をするな。

僕は今まで、スムーズにトラブルもなく執筆を終えたことが一度もない。

性格的にだらしなく、期限ギリギリにならないと手をつけないというのも原因の一つなのだが、邪魔が入るのだ。

例えば完成した原稿を担当編集さんに送っても原稿が届いていなかったり、突然パソコンの電源が落ちたり、急にキーボードが使えなくなったり、自分しかいないはずなのに後ろから話しかけられたり、背中を触られたり、肩を叩かれたり——細かいものを言っていけばキリがないほど邪魔が入る。

しかし今回ついに、まったく邪魔されることなく執筆を終えることができるかもしれない！　と思った矢先の出来事だ。

まず、最初に起きた邪魔としては打った記憶のない文章が打ち込まれていた。

前後の文章とまったく繋がりのない、

は　さははははは

という、謎の打ち込み。

このくらいならバックスペースかデリートボタンで、秒で解決できるからほぼノーダメージだ。だが、数秒で解決したのが気に食わなかったのか、その後二時間くらい、自分以外は誰もいないホール内で足音や咳払い、誰かに見られているようなプレッシャーにより、結局集中することができず、まったく原稿を進めることができなかった。

それから二日後、また一人店内で執筆を進めていると、突然強い頭痛に襲われた。

今まで生きてきて、片手で収まるほどしか頭痛の経験がない僕には、慣れない痛みのためにまたも集中することができない。

これは一度眠らないとダメだと原稿を保存し、パソコンをシャットダウンすると頭痛が治った。
(もしかして、ストレスか?)
もう一度、パソコンの電源を入れる。
頭痛はない。
さっき書いている途中だった原稿を立ち上げる。
めちゃくちゃ頭痛がする。
原稿を閉じて、違う原稿を立ち上げる。
頭痛が治まる。
もう一度、開いた瞬間に頭痛が始まった原稿を立ち上げる。
頭痛がする。
犯人はお前か。それはすすきののビルに纏わる話だった。
そして極めつけは、締め切り間近のため、飯も食わず休憩もせずに一気に書き上げた
三本の原稿を担当編集さんに送ると、
「原稿が二本しか届いていません。確認よろしくお願いいたします」
とすぐに連絡が来た。メールの送信ボックスを見てみると、僕の方では間違いなく原

邪魔をするな。

稿が三本送られている。

（送れてるんだよなー）と、思いつつ一つずつ原稿のファイルを確認していくと、その三本の中でも一番文字数が多く、纏めるのに時間のかかった原稿が白紙になっていた。しかも、それだけでは終わらず、次の日に担当編集さんから「昨日いただいた『〇〇』の原稿が『□□』の内容になっています」と連絡が入り、すぐに確認すると言われた通り『〇〇』のファイルはあるのに、どこを探しても『〇〇』の文章が見当たらなかったから、また一から書き直すことになった。

今も締切に追われながらスリラーナイト店内にある楽屋でパソコンを叩いているのだが、さっきからホールから「あっ、すみませーん！」と男の声が聞こえる。

しかし、今は緊急事態宣言中で店は休業中。

出入り口の鍵は閉めており、店内には僕以外いないのだ。

執筆が終われば相手をするから、数十分おきに呼ぶな。

今はお願いだからほっといて欲しい。

東区本町の家

三十代前半の男性、吉田さんから聞かせていただいた話。

吉田さんが小学三年生の時、友人のハヤト君が引っ越した。同じ学区内での引っ越しなので転校はせず、むしろハヤト君と家が近くになり吉田さんは嬉しかったそうだ。

ハヤト君が引っ越してから一か月ほど経ち、家の片付けも終わったのか「今日、学校終わりに俺んちに遊びに来ない？」と誘われた。吉田さんは喜んで、ハヤト君の新しい家に遊びに行った。

前のハヤト君の家は二階建てのアパートだったが、新しい家は平家の一軒家だった。

ハヤト君の部屋でテレビゲームをして遊んでいる時に、吉田さんは何気なく聞いてみた。

「そういえば、なんで引っ越したの？」

するとハヤト君は、ゲーム画面を見つめたまま少し早口で答えた。

「前の家、怖かったから」

へ？　と思った。家が怖いから引っ越したというその意味がわからなかった。

「家が怖かったの？」

「うん。前の家は怖かった」

「なんで？」

「幽霊出たから」

「え、幽霊出たの？」

「うん。それで引っ越した」

そしてハヤト君は前の家で一体何があったのかを話してくれた。


ハヤト君の前の家は二階建てだったが、玄関が二階で中に入るとすぐに寝室になっていて、一階に降りるとリビングやキッチンがあるという造りだった。

その日、ハヤト君は学校から帰ってきてからずっと、二階の寝室で一人遊んでいた。

布団の上に寝っ転がり、漫画を読んでいると、スーーーッという音が聞こえる。

音がした方を見てみると、自分の足元にある押し入れがゆっくりと開いていくのが見える。

寝室には自分ただ一人。誰も手をかけていないのに勝手に開いていく押し入れ。

では何故、勝手に開くのか。

ハヤト君は原因を探るため体を起こし、押し入れの方に体を向けようとすると、押し入れの中から黒いモヤのようなものが飛び出してきた。

そのモヤがハヤト君の体を包み込んでいく。

すぐにその場から逃げ出そうとしたが何かに押さえつけられているように身動きが取れず、それだけではなく少しずつ押し入れの方へ体が引きずられていく。

「お母さんっ助けてっ！　お母さーんっ！」

母親は一階の台所で晩御飯の準備をしていたので、ハヤト君は自分が出せる最も大きな声で母親に助けを求めた。

ずっ、ずっ、ずっ

体はどんどんと押し入れの方に引きずられて行く。すでに下半身は押し入れの中に飲み込まれていた。

「嫌だっ！　助けて!!」

声は出るし、体に力も入るのに何故か体が動かない。もがきながら押し入れの中を見ると、寝室は照明が点いていて、その光が押し入れの中に差し込んでいるはずなのに、真っ暗闇で奥が見えない。引きずり込まれている自分の下半身も確認できないほどに暗いのだ。

（そうか、あそこは地獄に繋がっているんだ）

何故かそう感じ、このままどうにもならないのかと戦慄したその時。

カチャッ、と音を立てて寝室の扉が開く。

「ハヤト、どうしたの？」

母親だった。

「お母さん、助けて！」

説明する余裕なんてものはなく、ただ母親に助けを求めることしかできなかった。

ハヤト君の体は、すでに肩まで押し入れに引きずり込まれていたそうだ。

「ちょっとハヤト、どうしたのっ？」

状況を理解できない母親が駆け寄って、ハヤト君の肩を掴むと押し入れから引きずり出す。

押し入れに引きずり込もうとする姿の見えないモノと取り合いになることもなく、母親はいとも簡単にハヤト君を押し入れから引っ張り出してくれた。が、

「ぎゃーーーーーー！！！」

母親がハヤト君を見て悲鳴を上げた。ハヤト君をまじまじと見ながら狼狽《うろた》える。

「ハヤト、どうしたのこれ⁉」

ハヤト君の体にはおびただしい量の黒くて長い髪の毛が、ぐるぐると巻き付いていたのだった。

その後、母親がハヤト君に巻き付いていた髪の毛をすべて取り除き、震えが止まらないハヤト君を一階のリビングで落ち着かせている間に父親が帰ってきた。

父親にハヤト君と母親がさっきの出来事を話すと、何か原因になるような物があるのではないかということになり、両親は二階の寝室を調べ始めた。

すると寝室の畳の下の板敷に、大量の血が沁み込んだような跡が出てきたのだ。

両親はすぐに引っ越しを決意したという。

こんな話をハヤト君から聞かせてもらった十数年後、吉田さんとハヤト君が二十二歳になってからだ。

高校、大学と別の学校に進学しても二人は変わらずに仲が良く、その日も吉田さんとハヤト君は他にも友達を誘って七人で遊んでいた。

公園の駐車場に車を二台停めて、タバコを吸いながら他愛のない話をしていると、日が暮れてきて、あたりが薄暗くなってきた。

「そういえばお前たちって、ハヤトが小学校の頃にめちゃくちゃヤバい家に住んでたの知ってるっけ？」

吉田さんは過去に聞かせてもらったハヤト君の話をすると、思いのほか盛り上がった。それもそのはずで、その時に遊んでいたメンツというのが、よく一緒に心霊スポットに行く友達だったのだ。

「ならさ、もうちょい時間を潰して完全に夜になったら車二台で、みんなでそのアパートに行ってみようぜ！」

吉田さんが提案すると全員が乗り気になったので、一度解散して深夜の一時過ぎにまた集まり、昔のハヤト君の家に行くことになった。

車を持っている吉田さんともう一人が、それぞれみんなを迎えに行く。

吉田さんの車にはハヤト君と、大学からの友達で仲間の中で一番霊感が強い馬場君の三人が乗っていた。

馬場君は霊に取り憑かれやすいのか、いつも心霊スポットに行く道中で具合が悪くなったり吐いてしまう。

その時も昔のハヤト君の家に向かう道中、馬場君の顔色がみるみる悪くなる。

「うわー、ヤバい。もう具合悪い」

「いやいや、馬場ちょっと待って。まだこれから三十分くらい走らないと目的地につかないから早すぎるだろ」

吉田さんが突っ込む。

「馬場ちゃん、マジで顔色悪いじゃん」

助手席のハヤト君は、後部座席の馬場君にビニール袋を渡した。

目的地に近づくに連れて馬場君の顔色はさらに悪くなり、体調はどんどん悪化していき、ついにはビニール袋ではおさまらず、窓を開けて吐き続ける。そして、奇妙なことを言い出した。

「なんか、頭の中に写真がバンバンバンバン浮かんでくるんだけど」

「どうゆうこと？」

吉田さんがルームミラーで馬場君を見ながら質問をする。

「あのさ、これから行く場所の近くに○○神社っていうのがあって、その近くに○○って公園があってさ、あと、老人ホームかな？　○○って名前の施設とかあって、そこから歩いてすぐのところにコンビニがあって、それから……」

馬場君は昔のハヤト君のアパート周辺の情報を事細かに話し出した。

「馬場ちゃん、この辺にめちゃくちゃ詳しいねー」

「いや、俺この辺に来たの初めてだよ。頭に浮かぶ写真の風景を言ってみただけ」

「それマジ話？」

「マジ。俺には東区本町に来る用がないからね」

吉田さんとハヤト君の二人は驚きのあまり、顔を見合わせた。

ちょうど深夜の二時ごろ、目的地としているハヤト君の住んでいた二階建てのアパートが見えてきた。

ハヤト君は、前を走るもう一台の車に乗っている友達に電話をかける。

「この道沿いの左手側のアパートなんだけど、深夜といえども周りの目が気になるから、いったん前を通り過ぎて周辺に人がいないかどうか確認しよう」

吉田さんも車の速度を落とし、ゆっくりと前の車についていく形で、アパートの前を走る。

昔となんら変わらない二階建てのアパート。二階の玄関に続く階段がアパートの右側にあり、一階のリビングの大きな窓の内側には白いカーテンがかかっている。

「誰かいるな」

ハヤト君の視線の先を吉田さんも見てみると、アパートの階段の目の前に、白い猫を抱いた五十代くらいの男性が立っている。スキンヘッドで口髭をたくわえた特徴的な容貌だ。

「こんな時間に何をやってんだろう。このアパートの管理人とかかなぁ」

吉田さんはあまりジロジロと見ないようにしながら、アパートの前を通り過ぎた。

先を走る友達の車の後をついていくと、コンビニの駐車場に入っていく。

吉田さんもコンビニの駐車場に車を停めて、みんなで作戦会議をすることになった。

管理人なのかわからないが、アパートの前にいる男性がいなくならないことには満足に見ることができない。そもそも誰もが勝手に、あそこを人が住んでいない廃アパートだと思っていた。

「三十分ぐらいこのまま時間つぶしてから、アパート行こうか。そしたらさっきのおっさんもいないだろ」

三十分後、再び車二台でアパートに向かうと、白猫を抱いたスキンヘッドの男性はいなくなっていた。

「おー、いなくなったじゃん」

前を走る友達の車がアパートの前で停まったため、吉田さんもその後ろに停めた。

車から降りようとドアに手を伸ばす。

「ちょっと待って！」

ハヤト君が突然、吉田さんの肩を掴んだ。

「どうした？」

「おい、あれ……一階の窓見てみろよ」

言われた通りに見てみると、窓にかかっている二枚の白いカーテンの真ん中から先ほどのスキンヘッドの男性が顔だけを出して窓越しにこっちをじっと見ている。

「うわっ‼　何あれ？　ヤバっ」

「ヤバい人なのかな？　しかも、何匹猫飼ってるんだよ」

「ん？　ハヤトどうゆうこと？」

「カーテンよく見てみろ」

吉田さんが男性の顔から視野を窓全体に広げると、部屋の中で何匹もの猫がピョンピョンと飛び交うような影がカーテンに映っている。おじさんはその間もずっとカーテンから顔だけを出して、こっちをじっと見つめていた。

「いったん離れよう」

また先ほどのコンビニの駐車場に戻って、皆で作戦会議をする。

「車で行ったら目立つから、この場でじゃんけんして、負けた二人がここから歩いてアパートまで行こうぜ」

吉田さんの案に全員が賛成した。

最初はグー、じゃんけんぽんっ‼

数回繰り返し、アパートに行く二人が決まった。

負けたのは言い出しっぺの吉田さん。そして、仲間たちの中で一番霊感が強い馬場君だった。

おじさんがいるからアパートの中に入ることはできないため、アパートの前まで行って、何枚か写真を撮って帰ってくるというミッションを課せられる。

馬場君は「絶対に行きたくない」と駄々をこねていたが、吉田さんをはじめみんなに説得され、逃がしてもらえず嫌々行くことになった。

コンビニから歩いて三分ほどでアパートの前についた。

一階の窓を見てみると男性はもう顔を出しておらず、あれだけ飛び跳ねているように見えた猫の影も見えない。

「吉田、俺マジで無理だわ。早く写真撮って離れよう」

馬場君の顔は青を通り越して、真っ白になっていた。

「何をそんなにビビってんだよ。人通りは少ないけど住宅街だし、さっきの謎のおじさんも住んでるんだから怖がりすぎだって」

「いや、本当に今も具合悪いしさ……あ、ヤバっ、吐く」

もう胃に何も残っていない馬場さんは、胃液だけをその場で吐いてしまった。

「おい、馬場大丈夫か？」

「マジで無理……」

「何がそんなに無理なんだよ？」

今までも心霊スポットで体調を崩したり、怖がって前に進まないことがあったが、いつも以上に馬場君が拒絶する理由を知りたかった。

「怖いし、具合悪いしで、近づけない……」

「そんなのいつもだし、今回なんて写メ撮って帰るだけなんだから余裕だって」

その場を動こうとしない馬場君を励ます。

「絶対に無理……。行くなら一人で行って、写真撮ってきてよ」

ついに馬場君はその場にしゃがみこんでしまった。

「そんなの、二人で来た意味ないだろが。それにここにしゃがみこむくらいなら、さっさと写真撮って、この場を離れたほうが怖い時間短くなるだろ」

吉田さんもその場にしゃがみこみ、馬場さんの目を見て数分間、説得を続ける。

「よしっ、なら行こう……」

馬場君がゆっくりと立ち上がった。

「お！　気持ちの準備が整ったか？」

やっと馬場くんが行くと言ってくれたことに吉田さんは喜んだ。

「ほら、早く行こう。行くなら今のうちだ。急がなきゃダメだ。早く早く早く早く」

急に元気になった馬場君が、吉田さんの腕をつかむと、ぐいぐいと引っ張りながらアパートの階段の方へ向かっていく。

「わかったって。急かすなよ」

「遅いって。急がなきゃ……」

何か様子がおかしい。腹をくくったからといっても別人のようだ。

「引っ張らなくても行くから！　痛いっての」

馬場君は、吉田さんの腕を指が食い込むほど強く握り引っ張る。

「早く早く早く早く早く」

普通じゃない。そう思った吉田さんは歩くのをやめた。腕を引っ張り返し、馬場さんの顔を覗き込む。

「……え？」

その顔は女性だった。

三十歳前後くらいで、目が細く鼻筋の通った色白の顔。馬場君の面影は一つもない。

「早く行こう早く早く早く行こう早く早く早く早く」

衣服や身に着けている物は馬場君だが、顔は見知らぬ女性。これは憑依というものなのか？　考えている間にも、腕をぐいぐいと引っ張り、アパートの階段を上ろうとする。

腕を振り払おうとしても力が強く、振り払うことができなかったため、すぐに携帯電話を取り出し仲間たちに助けを求めた。

「馬場がやばいっ！　すぐにきて！」

その間も馬場君は、すごい力で吉田さんを引っ張りながら階段を上ろうとする。

「大丈夫か⁉」

ハヤト君と友達が車で駆けつけてくれた。

「全然大丈夫じゃない！　とりあえず馬場を車に押し込むぞ！」

その場にいる全員で、馬場君を押さえつけながら、車の方に向かって運ぶ。みんなの様子を見る限り、馬場君の顔が女性に見えているのは吉田さんだけのようだった。

車の前に到着して即ドアを開けて車に馬場君を押し込むと顔が元に戻り、ガタガタと震えながら「来る、来る、来る、来る」と何度も言い続ける。

今すぐこの場を離れたいと思った吉田さんは人数オーバーになるが全員で車に乗り込みコンビニの駐車場に戻ると、自分の車に乗り込んだ。

吉田さんの車にはハヤト君も乗り、全員で家が一番近い吉田さんの実家のマンションに向かうことになった。

「とりあえず、家に着いたら効果があるかわかんないけど、塩を持ってきて馬場にかけようと思う」

「そうだな。まずは自分たちができることをやってみよう」

車を走らせ十数分後、吉田さんの実家のマンションが見えてきた。

車を停めるため、車庫に向かっている最中にあることに気が付いた。

駐車場の電気が点いている。

吉田さんが住む実家のマンションの駐車場の照明は人感センサーが付いているので、車や人が近くを通ったりすると点くようになっている。なので人がいない限り、煌々と照明が点いたままになっていることはまずない。

目を凝らして車庫前のあたりを見渡すが人の姿は見えない。

吉田さん、助手席のハヤト君にすべてを伝えた上で車庫に車を入れ、もう一台の車はマンションのお客様専用駐車場に停めさせた。

「んじゃ、塩を持ってくるわ！」

吉田さんは小走りで自分の家に向かう。

エレベーターに乗り込み、三階で降りて、廊下の突き当たりにある自分の家の玄関の扉を開けて、塩を持ってみんなのところに戻る——予定だった。

エレベーターから降りたところで、自分の家の前に女が立っているのが見えた。

しかも、吉田さんの方を向いているその女の顔は、先ほど馬場君の顔が変わった時に見た女のものだった。

吉田さんは踵を返し、全速力で仲間たちのもとへ戻った。そして、全員に馬場君の顔が女に変わったところから、その女がまさに今、自分の家の玄関の前にいることまですべてを伝える。

そこでの友達たちの反応は意外なものだった。

「でも、女が見えているのって吉田と馬場の二人だけだろ？　俺たちには見えてないから怖くもないし、俺たち全員で吉田と馬場のことを囲って、吉田の家に入ればいいだろ」

吉田さん、仲間たちの肝の据わり方に感心し、その案に乗っかることにした。

皆に囲んでもらった状態でエレベーターに乗り込み、三階で降りて自分の家の前を見てみると、すでに女の姿はそこにはなかった。

安心して、みんなで家に入り、吉田さんの部屋で塩を振り合って休んでいると、馬場君も徐々に落ち着きを取り戻してきた。いつの間にか怖かったことも忘れ、みんなでテレビを観ていたその時。

ハヤト君の携帯電話が鳴り出した。

「あ、彼女からだ。こんな時間になんだろ。もしもし？」

吉田さん、ハヤト君の様子を何気なく見ていた。

「うん、え？　うん。うん。マジかよ。うん」

ハヤト君の表情が険しくなっていく。

「うん。わかった。ありがとう。たぶん大丈夫だよ。おやすみー」

携帯をポケットにしまったハヤト君が「ちょっといい？」と言って話し出した。

「今の電話、彼女からだったんだけど『めちゃくちゃ怖い夢見た』って言われたんだよ。それでどんな夢だったたって聞いたら『ハヤトが友達たちと車二台で昔ハヤトが住んでいた家に行くっていう夢なんだけど』って言い出して、今日の出来事、全部言い当てられてさ。吉田くらいしか俺の彼女会ったことないのに、お前たち全員の今日の服装当ててたし、馬場ちゃんが体調崩したのも変になったのも全部言ってた。最後に『朝になって明るくなってから、みんな家を出てそれぞれの家に帰って、夢が終わった』って言ってたから、明るくなってから帰った方がいいと思うんだ」

二時間後、完全に日が昇ったのでそれぞれ帰ろうとする中、突然、馬場君が言い出した。

「あのさ、あの家には絶対に誰も住んでいないんだ」

急に何を言い出すんだと、みんなで笑いながら解散した。

しかし、馬場君の一言が気になった吉田さんは後日、あのアパートについて調べてみた。その結果、あのアパートは貸し出されてはおらず、現在も誰も住んでいないことが判明した。

あの夜に見た、猫を抱いたスキンヘッドのおじさんと、家までついてきた女――。

あれらがなんだったのかはわからないが、あのアパートで過去に何か念の渦巻く出来事があったのは間違いないだろう。

廃校　T羽中学校（南区定山渓）

三十代前半の男性、カイさんから聞かせていただいた話。

「突然なんですけど、俺の友達、憑りつかれたことがあるんですよ。しかも、その時に俺もその場に一緒にいたんですけど」

そう言ってカイさんは話し始めた。


今から十数年前、当時中学校三年生だったカイさんは友達数人と近所にある廃校になった中学校に行くことになった。

何故そんな場所に行くことになったのか。その理由は簡単なもので、その日は夏休み最終日で「最後の最後に夏休みっぽいことをしたいね」とみんなで話していたら怖い話になった。

その怖い話から発展して、今いる場所から自転車で三十分ちょっと漕いだところにある廃校が心霊スポットとなっていて、その周辺で幽霊の目撃情報もたくさんあることを知り、それなら皆で本当に幽霊が出るかどうか確認しに行こう、という経緯だ。

「だけど、肝試しって男子だけで行っても楽しくないじゃないですか？　だから、女の子も誘って男四人女三人の合計七人で行ったんです」

自転車に乗って出発し、その廃校に到着したのは夕方の一八時半ごろ。

季節は夏。日は少し暮れてきていたがまだまだ外は明るく、空もオレンジ色に染まりきっていなかった。

校門から敷地内に入っていき、校舎の入り口目の前に自転車を停める。

校舎は四階建てで、窓ガラスなど一枚も割れている様子はない。すぐにでも学校として再開できるのではないかと思うほど綺麗な校舎だった。

「みんなで中に入ろうと思ったんですけど、玄関も窓も全部鍵が掛かってて中に入れなかったんです」

それでも心霊スポットと言われている場所に自分たちはいる。カイさんたちは携帯電話や使い捨てカメラで心霊写真を撮ろうと校舎や校舎の周り、グラウンドなどをパシャパシャと撮って歩いた。

しかし、携帯電話で撮った写真を確認しても幽霊らしきものが写っているものは一枚もなく、使い捨てカメラに関しては現像しないとわからない。

「そんなんになったらもう面白くないんですよ。気付いたら一時間ぐらい経っていてあたりも暗くなっていました」

暗くなってきたし、そろそろみんなで帰ろうかと話している時だ。

キィ…キィ…キィ……

どこからか扉の蝶番の様な音が聞こえてきた。

全員であたりを見渡してみると、もともと遊具場だった場所に遊具がまだ何個か残されていて、その中にある箱ブランコ（ゆりかごブランコ）が揺れる音だった。

「怖い話でよくあるやつですよ。風もないのに錆びついて動きも悪くなっているはずの箱ブランコが一人でに揺れているんです」

女の子たちがギャーギャーと叫び声を上げる中、カイさんたち、男連中は今なら幽霊が写るんじゃないかと、箱ブランコに近づき、携帯電話で何枚も写真を撮った。

しかし、幽霊らしきものは撮れず、箱ブランコも動きを止めてしまった。

女の子たちは怖いから早く帰りたいとパニックを起こしかけていて、男たちも写真に幽霊が写らなかったし、この場所にも飽きてしまったため帰ることになった。

「でも、帰る前に最後、記念撮影しようってことで校門の前でみんなで並んで、星っていう男友達の自転車の上に携帯電話を置いて、セルフタイマーで写真を撮ったんです。

――そしたら写ったんですよ」


学校名が書いてある校門の一部が抉られたようになくなっていて、その部分におかっぱ頭の目が異様に大きい女の子の頭部だけがカメラ目線で写っている。

すぐさま肉眼で門を確認すると実際には抉られたようにはなっておらず、綺麗に形を保っている。

この時は男も女も関係なく、あまりにもハッキリ写っている、存在しないはずの女の子に怯え、恐怖のあまりその場にいることもできずに急いで離れることになった。

自転車を漕ぎ出して十分もしないうちに、星君が「ヤバいヤバいヤバい」と言いながらカイさんの隣を並走する。

「星、どうした？」

「あのさ、俺の後ろに誰も乗ってないよね？」

確認するまでもなく、全員それぞれの自転車に乗っているから星君の自転車の荷台には誰も乗っていない。

「あのな、廃校から自転車漕ぎ出した瞬間から思ってたんだけど、自転車のペダルが重たくて、誰か後ろに乗せてるような感じがするんだよ」

これを聞いたカイさんはタイヤのパンクを疑って、走りながら星君のタイヤを確認するがパンクなどはしていないようだ。

「パンクもしていないようだし、気のせいだよ。さっきの写真でビビって体にうまく力が入らないだけだろ」

心霊写真のせいで神経質になってしまった星君を気遣い、励ましたり、たまに「後ろに女の子いる！」と叫んでおどかしたりしながらも、結局は何事もなく、それぞれの家に帰っていった。

次の日、始業式のために学校に行き、廃校に行ったみんなで教室の後ろに集まり、昨日の出来事を話していると、星君だけ自分の席から動かず会話に入ってこない。

普段はめちゃくちゃテンションが高くて、うるさいって言っても騒ぎ続けるような星君が、とても静かで、まるで落ち込んでいるように見える。

「おい、星、お前どうしたんだよ?」

カイさんが近づいて声をかける。

「昨日からずっと具合悪くてさ。なんか喋る気にもならないんだわ」

「風邪でも引いたんじゃないか?」

「そうかもしれないな」

星君はそう言って机に突っ伏した。

「それから一週間ぐらいずっと星が具合悪そうだったから、俺たち星のことを放置していたんですけど、体調が良くなることはなかったんです」

そして少しずつ、星君は狂っていった。

一人でブツブツと何かをつぶやき続けたり、急に筆箱や黒板消しなど近くにあるものを手に持ったと思ったら壁や床に叩きつけたり、突然泣き出したり――。

あの廃校に行ってから星君は日を追うごとにどんどんおかしくなっていく。

廃校に行ってから十日ほど経ったある日。

授業中に星君が「ギャーーー！！！」と叫び出し、腕をブンブンと振り回す。

その動きが何かを振り払おうとしているように見えたカイさんは、咄嗟に学校に持ち込んでいた携帯電話で星君を撮影した。

「そしたら、写ったんですよ。星の右肩の後ろに校門の前で写ったあのおかっぱ頭の女の子の顔がハッキリと」

カイさんはすぐに星君にそのことを伝えた。

星君は顔を真っ青にして「やっぱりだ」と呟いた。

「やっぱりってなんだよ。というか星、どうするんだよ？」

「うすうすそんな感じはしていたんだよね。でも、これで確信に変わったから親に話すわ」

星君はその日のうちに母親に「心霊スポットに行ってから自分で自分が壊れていくのがわかる」ということを伝えた。

どうやら星君の母親も自分の息子の異変に気がついていたらしく、すぐに友達や知り合いに相談をして霊媒師を紹介してもらった。

後日、紹介された霊媒師のところに星君と母親は二人で伺い、これで一件落着と思いきや、そうはいかなかった。

紹介してもらった霊媒師は星君を見るや否や、母親に「この子に憑いている女の子は悪意がない分、タチが悪い。私にはどうにもできないから、この人のところに行って欲しい」と連絡先の書いた一枚の紙を渡してきた。

紹介された霊媒師は札幌ではなく帯広に住んでおり、星君は学校を休んで帯広にまで行ってお祓いをした。そのおかげもあって、無事に憑いている女の子を祓うことに成功したそうだ。

そこで星君は霊媒師から、こんなことを言われたのだという。

あなたについている女の子はあなたと遊びたかったの。廃校であなたの携帯電話で写真を撮ったでしょ？　自分と一緒に写真を撮ってくれたのが嬉しくて楽しくて、あなたに憑いてきたんだって。

でもね、女の子はあなたと一緒に遊びたいのに、あなたには女の子が見えないでしょ？　だから、女の子が怒っちゃってイタズラしてたのよ。

だけど、来てくれて本当に良かった。子供の霊って純粋だからね。あなたもう少しで女の子に殺されてた思う。

だって、あなたが死んだら、同じ霊として女の子のことを認識できるようになるでしょ？　子供の霊は純粋だから、自分の願いを叶えるための手段は選ばないもの。

あとがき

凄い時代に生まれたものだ。

今まで人類が、世界が経験したことのない時代を生きることになるなんて思いもしなかった。

連日テレビからは同じような言葉が聞こえてくる。

「本日の感染者は○○人です」「感染拡大防止のため国民の皆様は不要不急の外出を控えるように！」「また飲食店とライブハウスでクラスターが発生…」

俺の職場は飲食店で、職業は怪談師。仕事内容は接客、怪談を人前で披露、怪談イベントの企画・運営・出演。うん……。どうやらニュースが連日取り上げる諸悪の根源を集約したのが俺だ。


（これは怪談が収集しにくくなるぞ…）と、思っていた矢先、執筆依頼をいただいた。

俺の予想通り、怪談収集は困難を極めたが職場の従業員やお客様、友達や親族にまで怪談を提供してもらい、どうにか今回も無事に執筆を終えることが出来た。

協力してくださった皆様、本当にありがとうございます。そして、改めて俺はたくさんの人たちに支えてもらっているから怪談をする事が出来ているいると実感した。

我が儘で頑固な俺が怪談を仕事に出来ているのは俺が出来ないことをサポートしてくれる「スリラーナイト」の仲間がいるからだし、視野が狭くなって凝り固まった考え方しか出来ないくだらない大人になりかけていたところを引き戻してくれたのは一緒にＹｏｕＴｕｂｅをやっている友達だ。

それに俺が仕事を笑いながら出来るのは応援してくれているお客様やファンに勇気づけられているからだし、元々は趣味だった怪談を仕事にしたのに飽きることもなく、今も尚、楽しめているのは怪談業界の先輩が未だに新しい怪談の魅せ方を模索し続け、実際に怪談の新しい世界を魅せてくれるからだ。

あと、俺が今の状況に満足しないで怪談に向き合い、前進し続けようと思えるのは、俺なんかより才能と能力がある怪談業界の後輩たちに負けられないし、後輩たちに「怪談を生業にして良かった」と思ってもらえるような未来を作りたいからだ。

そして、またしても単著を出版することが出来たのは関係者様と、今まさに本著を読んでくださっているあなたがいるからです。心より感謝いたします。

怪談が繋いでくれた「縁」によってみんなと出会う事ができたから、こんな状況でも「怪談師」として存在することができて、その「縁」が更に次の怪談へと繋げてくれる。

俺は今後も「北の怪談師」として、怪談によって繋がる「縁」を紡いでいくと、ここに誓う。

北縁怪談 札幌編

2021年7月6日　初版第1刷発行

著者……匠平
デザイン・DTP ……荻窪裕司(design clopper)
編集……中西如(Studio DARA)

発行人……後藤明信
発行所……株式会社 竹書房
〒102-0075　東京都千代田区三番町８－１　三番町東急ビル６F
email：info@takeshobo.co.jp
http：//www.takeshobo.co.jp
印刷所……中央精版印刷株式会社